情绪 管理心理学

鞠强 著

复旦大学出版社

内容简介

自我情绪管理和个体的主观幸福密切相关,并影响到家庭幸福,也影响到职场和事业成功,另外,从宏观的角度来看,情绪管理与社会总福利密切相关。

本书具体描述了导致个体主观幸福度下降的 15 个认知错误,这些认知错误不但存在于意识层面,而且存在于潜意识层面;批判了导致个体和周边亲密人群产生巨大负面情绪体验的 5 个负面人格;也介绍了基本的情绪管理理论和方法。

现代工商管理教育如 MBA、EMBA 等均将情商及自我情绪管理视为领导力的重要组成部分。本书适合高校经管类师生选作教材,也适合一线管理者作为情绪管理的参考书。

前言
每个人都需要学会管理情绪

本书作者所开创的是一个强调身心健康管理、家庭管理、组织管理、社会管理相统一的系统，以人本主义哲学为价值观，以二元相对平衡哲学和开放社会系统哲学为方法论，以心理学为技术主线，其中重要的一门课是个体的自我情绪管理。

自我情绪管理和个体的主观幸福密切相关，并影响到家庭幸福，也影响到职场和事业成功。另外，从宏观的角度来看，情绪管理与社会总福利密切相关。

本书不仅仅是关于情绪问题的书，现代医学技术早就发现，心理状况和生理疾病密切相关，并形成了一门新的学科叫心身医学。与负面心理状况有关的生理疾病有：年纪轻轻罹患癌症（一般指六十岁之前）、高血压、糖尿病、心脏病、消化系统类病、皮肤类病、风湿类病、头痛、全身酸痛、瘙痒症、不孕症、肥胖症、足皲裂以及免疫力低下引发的各种感染等。大量的实证研究和读者的个人经验都显示：**心理状况的改善会使得许多生理疾病有所缓解。**

本书第一篇先阐述了情绪管理心理学的基本理论；第二篇具体描述了导致个体主观幸福度下降的认知错误，这些认知错误不但存在于意识层面，而且存在于潜意识层面；第三篇具体批判了五种导致个体和周边亲密人群产生巨大负面情绪体验的负面人格，概述了高压人群常见的心理疾病。

　　需要特别提醒的是，认真地阅读本书的过程，就是身心调整的一个有效步骤，阅读本书时需要读者先搁置对错判断，至少读到本书一半页数时再进行对错判断，最好本书全部读完再进行对错判断。因为每个情绪有问题的人，在意识层面和潜意识层面都隐藏着许多自己所不知道的错误价值观，这些错误价值观具有自动的防卫功能，如果刚接触本书就判断对错，实质是以固有的错误价值观为标杆进行判断，容易导致对后来信息的防御反应，读书的效果将不尽如人意。所以最好请先以开放的心态，先体验后判断。

　　还要告诉大家的是，有情绪问题的读者，要多读几次本书，读得越多，效果越好。如果以讲代学是种更好的加深理解的办法，那把本书内容与他人多交流，会大大改变你意识层面和潜意识层面的认知错误。

　　本书借鉴了前人的学术发现，同时包含大量的作者本人的学术成果，但著书的出发点不是为了单纯的学术研究，而是为了个体调整情绪，所以作者力图使本书尽量通俗易懂，少用学术词语，同时也恳请读者在阅读时放平心态、用心阅读。

目 录

前言

第一篇　懂点心理学是人生幸福的基础｜1

第01讲　潜意识是什么？理解心理现象的关键｜3

第02讲　人是被自己气死的？你的情绪取决于你看待事物的方式｜17

第03讲　幸福最重要的平衡是什么？利己利他相对平衡论｜25

第04讲　人的欲望分哪几类？你的痛苦源于过度追求｜32

第05讲　多数人就是对的吗？社会暗示对情绪的负面影响｜36

第06讲　大众为何喜欢谬论？态度协调理论告诉你答案｜45

第07讲　生化情绪论有局限？治疗抑郁症应双管齐下｜53

第08讲　情绪管理也讲基本法？认识二元相对平衡哲学｜60

第09讲　阴阳是封建迷信吗？理解二元相对平衡哲学｜86

第10讲　强扭的瓜不甜？人本主义哲学教你与人相处之道｜97

第二篇　生活中的认知陷阱 | 99

第11讲　对错程度二元论：生活中哪有那么多对错 | 101

第12讲　视角大小论：你的眼界决定了你的幸福感 | 110

第13讲　黑箱心理效应：你的忧虑可能放大了 | 115

第14讲　悦纳自己论：尽人事，听天命 | 119

第15讲　攀比论：攀比等于寻找痛苦 | 123

第16讲　价值观宽度论：拥有多元价值观的人更幸福 | 130

第17讲　感恩心：好运气的核心是常怀感恩之心 | 136

第18讲　面子观论：面子与幸福的关系是一条抛物线 | 140

第19讲　爱的需求强度论：你不需要太多的爱 | 145

第20讲　公平论：追求公平等于追求痛苦 | 149

第21讲　抱怨有害：牢骚越多烦恼越多 | 152

第22讲　接纳不完美：世上无难事，只要肯接纳 | 155

第23讲　潜意识风险放大论：一朝被蛇咬，十年怕井绳 | 158

第24讲　学会断舍离：懂得舍弃才能成就美好人生 | 160

第25讲　社会关系与主观幸福：朋友圈带给人幸福感 | 164

第三篇　当心这5类负面人格及10种身心疾病 | 169

第26讲　指责型人格批判：都是别人的错吗 | 171

第27讲　牛角尖人格批判：杠精的自我修养 | 174

第28讲　计较型人格批判：利益得失比天大 | 176

第29讲　回避型人格批判：逃避不可取 | 180

第30讲　（恶性）控制型人格批判：没有领导命却一身领导病 | 184

第31讲　高压人群身心疾病概述：为什么得病的总是我 | 187

第一篇 懂点心理学是人生幸福的基础

导读

在本书中,笔者所开创的是一个以人本主义哲学为价值观,以二元相对平衡哲学与开放系统哲学为方法论,以心理学为技术主线,包含个人心身健康管理、家庭管理、组织管理、社会管理四个方面的系统学术体系,在人才培养上,强调心理健康、生理健康、知识学习、能力培养四个方面相统一。该体系中有一门重要的课叫"情绪管理"。

本篇介绍了情绪管理领域的基本理论,有很多是作者独有的学术看法,也结合了前人的学术成果,学习者需仔细领会本篇基本原理,才可以对后面的章节有深刻的理解。同时,建议读者把本书内容与他人多交流,交流会迫使你对基本理论理解透彻,有助于加深理解、调整自己的情绪。

当然,如果读者有机缘现场学习,对个人的情绪调整和身心疾病的缓解都有巨大的好处。从严谨的科学观点看,学习理论,联系实践,才能达到最好的效果。

第01讲　潜意识是什么？理解心理现象的关键

认识潜意识与意识

潜意识是弗洛伊德提出的理论，在世界上有巨大的影响力，但在学术界也存在巨大的争议，认为弗洛伊德夸大了性本能的作用，同时认为弗洛伊德关于梦的解析有很大的随意性。上面两点作者也是十分同意的，但潜意识现象是客观存在的，而且作者经过长期的管理心理学实践后确认：理解心理现象的关键就是潜意识。

当然本书讲的潜意识理论和弗洛伊德的已经有了很大的不同，你可以理解为作者独有的理解。潜意识的定义有几十种，争议纷纷，当然争议纷纷是社会科学领域的正常现象，政治学、经济学、军事学、社会学、管理学等领域内都是争议纷纷。列出几十种争议是没有必要的，为便于沟通和学习，选择一种笔者所认可的定义。

> **潜意识的定义**：就是影响人的心理、认知、情绪、行为，但自己不知道的心理活动。

潜意识的功能包含：控制或者影响基本生理功能，如心跳、呼吸、血压高低、血糖水平、肠胃蠕动速度、新陈代谢快慢等；控制或者影响情绪反应、记忆、习惯性行为、说话时的舌头口腔配合，创造梦境、直觉、默契记忆等；决定人的基本行为模式或者说决定人的总体心理反应方式；决定人的性格或者人格特征，如内向外向、悲观乐观、归因朝内朝外、行动人格还是回避人格等，约等于我们日常生活中所说的人的本性、本质或者灵魂等。

> **意识的定义**：指我们自己知道的理性行为的心理活动，包括但不限于感觉、知觉、记忆、有意动作、逻辑、分析、计划、计算等。

谈及潜意识是不可以说"我觉得什么什么是对的"，或者"我觉得什么什么是不对的"。因为当个体在说"我觉得"时，实际是在表达自己的意识而不是潜意识。

分析潜意识的工具有催眠潜意识分析、房树人图画潜意识分析、沙盘潜意识分析、笔迹潜意识分析、无意识肢体动作潜意识分析、罗夏墨迹潜意识分析等，以催眠潜意识分析最为实用简便。

举个例子，"一见钟情"就是潜意识现象，潜意识中早有喜欢对方的形象或气味或其他特征的信息，只是自己不知道。比如，对方有局部形象或者气味像你早年的邻居大哥哥大姐姐、父亲母亲、老师等，而这些人又给你带来了正面的情绪体验，这些信息都存入了潜意识，因此你遇到合适的对象，就一见钟情了。一见钟情的人常常觉得自己说不清为什么会狂热地爱上对方。

潜意识从何而来？

潜意识主要由四个方面形成。

1. 基因带来的潜意识

比如，在年轻男性中畅销的小汽车的尾部不少是圆形丰满的，它满足了男性对另一半的审美观念，当然，也有不是这种类型的年轻男性喜欢的车，也许里头含有更强烈的其他潜意识需求满足。

又如，人们喜欢熊猫，是因为熊猫的两个黑黑的大眼眶显得眼睛很大，就像孩子一样。你注意观察会发现，孩子的眼睛普遍偏大。大眼睛会让人本能地分泌荷尔蒙，从而产生喜爱的感觉，这样，孩子能获得成人更多的照顾。实际上，熊猫的眼睛本身不大，只是因为眼睛旁边的毛是黑的，看起来像两个大黑眼睛，让熊猫看起来像个可爱的孩子。如果把熊猫大眼眶涂白，你就会觉得熊猫不可爱了。

2. 外界反复多次的信息暗示和明示

外界对个体反复多次的信息暗示或明示输入，会沉淀在人的潜意识里。青少年时代，是形成潜意识的高峰时代；成年后，潜意识虽然也是可以改变的，但速度比较慢，难度比较高，潜意识吸收的信息量比较小。

比如，小时候受到很多的安全防范教育，长大以后，就对人的疑心病比较大，容易对他人产生戒备心理。

又如，有统计显示，父母离婚的单亲家庭里长大的子女，在成年结婚后，离婚率高于社会平均数。可能是因为他小时候反复被暗示，离婚也是一种可以接受的生活方式，所以对离婚的接受度偏高，在婚姻遇到挫折的时候，更倾向于选择离婚。

再如，有一段时间，我国的青少年在高中反复学了矛盾论哲学后，有一些人错误地认为，"凡事充满矛盾"，不存在对立和统一。他们在网上表现就不一样了，喜欢骂人、发牢骚、产生对立情绪，他们成年后，也容易用对立的观点来看待这个世界，斗争性会比较强。当然，反复学习矛盾论会使斗争性变强，有一定的概率，但不是绝对的。

3. 创伤在潜意识中的沉淀

在早年经历了一些创伤性事件以后，受害者可能并没有遗忘这段历史，只是由于人类心理的保护机制，这些创伤性记忆被压抑到意识层面以下，变成了潜意识，潜移默化地影响着一个人的行为和情绪。

比如，因为父母一方出轨而导致离婚的家庭的孩子，成年后在感情生活中常常对另一半疑心病过重。统计还发现，单亲家庭里长大的人容易早恋，原因可能是家里缺了一个人，有爱的缺乏感，容易产生补偿反应。这都是青少年时代因为创伤形成的潜意识在起作用。

再如，父母离婚的单亲家庭里长大的人普遍安全感不足，导致潜意识指挥个体储备粮食，防止粮荒，进食了远远超过个体热量需求的食物，有统计显示，单亲子女的平均体重超过了社会平均数。

4. 意识中的矛盾进入潜意识

意识中的某些东西与社会教育或者社会暗示相矛盾，产生纠结与痛苦，这些纠结与痛苦看似消失了，实际上是被大脑移进了潜意识。

比如，社会向我们暗示，有破坏欲是件坏事，所以一个破坏欲比较强的人，就与社会暗示相矛盾，于是，破坏欲就被移进潜意识，矛盾看似消除了。特别喜欢玩保龄球的人，可能潜意识破坏欲就很强，把那整整齐齐的瓶子砸得稀烂，感觉很爽，人的意识会认为玩保龄球只是为了锻炼身体，或者娱乐，或者其他社会认可的目的。

特别要说明的是，一个人对外界的总体心理反应模式、性格或者人格特征（是内向或外向、悲观或乐观、归因朝内或朝外、行动人格还是回避人格、胆大还是胆小、思考者还是行动者等），是由潜意识决定的，意识只是增减了这些特征的数量。

请读者思考一下：为什么秦始皇、朱元璋、朱温、张献忠、成吉思汗都大肆杀人或者大杀功臣？为什么刘秀、李世民、赵匡胤都比较宽容？

原因是：秦始皇、朱元璋、朱温、张献忠早年都过着动荡不安的生活。秦始皇早年被秦国送到赵国作为人质，导致颠沛流离；朱元璋小时候讨饭，穷到极点；朱温是遗腹子，随老妈在富人家做佣人长大；张献忠长期受人欺压；成吉思汗幼年时长期受人追杀而东奔西走。他们潜意识中安全感严重不足，所以怀疑心强，杀人多。刘秀是富家子弟，而且是太学生，曾经学习了大量孔孟之道；

李世民是贵族出身；赵匡胤出生于将军之家。他们青少年时期生活条件优越，安全感很足，故怀疑心小，比较宽容。

请读者思考一下：为什么中国单亲家庭里长大的人喜欢指责别人？

原因是：中国的离婚文化是不成爱人就成仇人，离婚者互相之间频繁过度指责，子女受到大量重复暗示，长大后喜欢指责人，心理学称为归因朝外。

请读者思考一下：冒着杀头危险去贪污，几亿元、几十亿元、几百亿元巨款根本用不完，却还去贪污的官员是什么心理？

原因是：这些人在忏悔书中大多数都写过类似的话，我生长在一个极其贫穷的家庭，我妈临死的时候想吃一个馒头，没有吃上，死了。共产党把我培养成了干部，我本来应该好好报答党的培养，但是，我没有加强马列主义学习，没有加强世界观改造，滑入了贪污受贿的泥坑……

其实他们贪污和世界观改造关系不大，主要是青少年时代极其贫穷的经历，在潜意识深处留下了创伤，成年后在潜意识的指挥下无法自控地疯狂捞钱，即使冒着杀头的风险也在所不惜。

当然，青少年极其贫穷，是相对于周边环境而言的，如果大家都很贫穷，创伤反而小了些，成年贪污倾向会相对下降一些，但是，极度贫穷经历总是会造成某些心理创伤。

请读者思考一下：为什么父母有指责型人格的领导，特别喜欢下属拍马屁？

原因是：这些领导青少年时代受到父亲或者母亲的过多批评，潜意识自我价值感严重不足，做了领导了，就需要大量的马屁来弥补潜意识深处自我价值感不足。和这种领导相处，下属要是提出不同意见，相当危险，领导会不知不觉反应过激，这种反应是无法自控的，如果确实有必要提出不同意见，必须特别注意方式方法，领导才可能采纳不同意见。

特别要注意，情绪是由潜意识主管的，实践表明，意识层面的调整对情绪的影响比较小。潜意识调整，主要方式之一是催眠，其对情绪影响很大。比如，失恋痛苦是情绪问题，所以是潜意识管理的，你对失恋者进行思想教育常常没有用，你和他说，天涯何处无芳草，何必单恋一枝花。他会说，老师，道理我也懂的，可我就是痛不欲生，我就是难受，控制不了。这是因为思想教育是在意识层面沟通，而不是潜意识层面沟通。但催眠，在调整失恋负面情绪上，很快就会见效，变得精神抖擞、开心乐观。请注意，不是因为催眠忘记了前女友，而是在潜意识层面建立了正确的人生观和爱情观。

总之，笔者在实践中发现，各类心理问题或多或少是潜意识的问题。

催眠是调整潜意识最有效的手段

谈及潜意识，必须谈到调整潜意识最有效的手段：催眠。

"催眠"是个让人误会的词，这个词是民国时代学者翻译的，后来学术界相沿成习，许多人望文生义地认为催眠是催人入眠的意思。这个误会很大，催眠的本质是**潜意识沟通**。如果翻译成潜意识沟通，可能更为贴切。当然，和所有社会科学一样，催眠的定义也有百种以上，都大同小异，做文字争论不是本书的目的，笔者的定义如下。

> **催眠的定义**：仅关闭意识或者一定程度关闭意识，使得潜意识更加开放，治疗师与被催眠者进行潜意识沟通，从而改变错误的潜意识，达到心理调整目的的心理疗法。

催眠可以粗分为两类：被动催眠和自我催眠。

笔者发展出一套自我催眠技术，外观看有点像太极，但和太极完全不同，它针对共性潜意识错误导致的情绪问题，有着极其良好的效果。

笔者在对人实行集体催眠时发现：大概20%被催眠者自我感觉是朦胧；80%左右自我感觉睡着了，但实际上没有睡着，还在和我沟通、说话。

催眠是最好的调整情绪问题的方法，笔者几十年来，用过许多方法调整人的情绪，有运动疗法、认知疗法、光照疗法、正念疗法、存在主义心理学……最后之所以偏爱催眠，是因为仅仅就情绪问题而言（不是针对其他心理疾病而言），催眠效果是最好的。

对于催眠的理解存在一些误区。

误区一：催眠就是睡眠。

睡眠是潜意识与意识双关闭，是无法进行潜意识沟通的；催眠是只关闭意识或者一定程度关闭意识。

误区二：催眠可能醒不来。

催眠不是睡眠，因此根本没有醒不过来的说法，虽然催眠解除一下更好，但不解除会自动消失的，只不过朦胧一会儿。

误区三：催眠以后，催眠师让被催眠者做啥，他就做啥。

这是流传最广的误区，催眠时让被催眠者做对自己不利的事情,这样的指令是无用的,是绝对做不到的。比如,叫他交出银行卡及密码或者手机是绝对不可能成功的,如果可以做到,那心理学教授们岂不发财太容易了?欧美至少有10万从事心理学研究的人会催眠,那岂不是天下大乱?

潜意识是你自己的潜意识,当然会保护你自己,就像你的手天然会保护你一样,任何对你不利的指令都不会执行。

误区四:催眠可以让人说出不愿意说的隐私。

这也是个流传很广的误解,如果说出隐私对被催眠者不利,他就不会说,原因和上面一样。催眠时,被催眠者之所以会说出隐私,是因为他知道这些话说出来,会有利于治疗。

误区五:受教育程度低的人,容易被催眠。

这正好搞反了,总体而言,教育程度越高的人,越容易被催眠。因为这些人的想象力更丰富,对先进科学技术理解力强,所以容易进入催眠状态。当然假定这个人虽然受教育程度高,但喜欢钻牛角尖,或者老想研究催眠是什么,那么进入催眠状态要难一些。

任何西方先进科学技术或者文明,在引进中国的初期都会被妖魔化,当今,催眠也存在被人为妖魔化的问题,人们总是觉得这是妖术、邪术。

中国第一只电灯引入上海,大家不理解这灯泡怎么没有添油就会发光,而且点着了居然不冒烟,于是电灯在当时被中国人视为邪术。

自来水第一次引进中国,北京全城骚动恐慌,大家认为水总是往低处流的,现在竟然往高处流,肯定有邪气。

中国的第一条铁路也引发了群众巨大的恐慌,大家无法理解为什么巨大的铁疙瘩不用牛马拉就自动运行,而且认为火车会破坏风水。人们上街游行,导致上海地方政府被迫买下这条外国人建的铁路,并且拆除了这条铁路。

清朝的时候,基督教被称为"魔教""鬼子教""邪教",义和团运动盲目排外,其爱国主义的体现是口念"刀枪不入、刀枪不入"的咒语,冒着枪林弹雨往前冲,最终当然被坚船利炮打得大败,很快溃散了。

中国的普通群众中还有这样一个传统:凡是不理解的前沿科学技术,就懒得去理解,一概简单地扣上邪气、邪术、迷信,可又经常把迷信当科学,比如,绿豆包治百病等。回想计算机技术刚引入中国时也被认为是胡说,人们死也不相信机器比人脑计算快,推广这些技术的专业人员经常被认为是骗子。马云早期谈互联网史,也被人认为是骗子。

现在催眠技术刚传入中国十余年,是有个被妖魔化和慢慢去妖魔化的过程的,所以文化程度越高,催眠效果越好,也是这个原因。比如对博士学历的人催眠,常常产生惊人的效果。

催眠经常用在解决各类情绪问题方面,包括但不限于失恋情绪问题、离婚情绪问题、其他感情纠葛产生的情绪问题、失业情绪问题、考试紧张情绪问题、失败情绪问题等;还可以缓解或者解决网瘾、厌学、逃学、烟瘾、酒瘾、赌瘾、自杀、抑郁症、焦虑症、强迫症、学习态度差、工作态度差、生活态度差及一切对个体有害的问题;可以缓解或者解决心因性慢性肠炎、心因性皮肤病、心因性阳痿、心因性糖尿病、心因性高血压、心因性头痛、心因性肥胖(占肥胖中大部分)等;还可以用于癌症心理干预、解除恐惧、延长寿命、降低饿感、加速新陈代谢、提高白细胞数量、缓解病痛、短时降低血压、迅速缓解感冒症状、减少癌症化疗反应等。

但用于解决精神分裂症、提高智商、将同性恋改成异性恋（心理学认为同性恋是正常的），催眠其实是没有效果的。

意识是"门卫"兼"化妆师"

谈到这里，我还要介绍一下，意识的一个重要功能：**检阅作用**。所谓意识的检阅作用有两个。

第一，意识就如门卫，会自动检查外部输入的信息，决定接纳它并让它进入人的潜意识，还是把它彻底赶出去。比如，领导号召员工要爱岗敬业，在表面上，员工都是点头认可的，实际上，大部分员工脑子里的意识检阅功能在发动，他们检阅的结果是：领导的这些话是胡说，目的是诱骗我们为他升官发财卖命。于是这些敬业教育信息都被堵在潜意识的大门之外，根本没有进入员工的潜意识，毫无作用。当然表面上他们装作认可，但这种企业文化教育没有用处。所以高明的领导，都是要先削弱下属的意识检阅作用，再进行组织文化教育，当然，这不是本书的主题，笔者会在其他管理心理学著作中详细介绍。

第二，意识好比门卫兼化妆师，对潜意识冒出来的信息进行检查，符合社会意识形态的就放出去，不符合社会意识形态的就禁止，或者经过"化妆"美化以后才允许放出来。比如，喜欢打保龄球是满足了破坏欲，意识检阅作用检查的结果是"不符合社会意识形态"，于是就对这个信息进行化妆，变成了"打保龄球"是为了锻炼身体,或者变成了"打保龄球"是为了交际活动……总之,把潜意识"化妆"成社会意识形态赞许的想法。注意,这种对潜意识信息外出的检查和"化妆",个体在意识层面是不知道的,是不知不觉、潜移默化的。

纵观世界各国,破坏欲特别强的人,把破坏欲通过意识的检阅作用,"化妆"成为了更高尚的目的,比如所谓的"革命者",观察非洲、拉丁美洲、欧洲许多"革命者","革命"成功后,仍旧是"革命"不停,实际上钟情于破坏,不善于建设。这种现象,是有深刻的心理因素的。

重复内化也能够调整潜意识

如果不用催眠的手法,可以调整和改变人的潜意识吗?办法是有的,但是工程量浩大,要重复几千甚至上万次,主要是重复内化的方法。

> **内化的定义**:就是外部的价值观被人高度接受进入人的潜意识并形成稳定的思想观念的过程。

心理学研究表明,重复的信息输入有助于观念的内化。重复的、多渠道、多方式的信息输入更加有助于观念的内化。

信息输入的渠道主要有五种:听、说、写、看、做。

听:通过声音接受外部信息以达到观念内化。这种听,可以是老师讲课,可以是看电视、听收音机,也可以是听父母唠叨,大量的"听"可以改变人的潜意识，形成观念内化。比如，怀疑心重的人，其主要原因就是"听"的结果，因为他们的成长过程中，会受到大量的父母防范意识的教育，小心上当呀、小心吃亏呀、坏人很多呀……虽然他们听得很烦，但实际进入了潜意识，所以成人以后，比较容易怀疑别人。

说：个体在说话的同时，也强化了自己的意识。比如，教师的总体道德水平比其他职业的平均水平高，就是因为教师需要为人师表，经常教育别人，在教育别人的同时也强化了自己的道德意识。

写：让个体抄写规定的内容以达到观念内化。比如，笔者曾经给一群企业领导上口才训练课，有少部分人只能在其管辖的下属面前侃侃而谈，一到当众演讲就结结巴巴。究其原因是他们潜意识深处都有这样一个观念："他人的评价很重要。"一般而言，越重视他人评价的人，当众讲话就越慌张。笔者就让他们抄写一句话："他人的评价不重要，我不是为别人的嘴皮子而活。"笔者让他们抄两万遍，直到大部分人晚上做梦都是这句话。两万遍抄完之后，效果立竿见影：很多人当众讲话再也不紧张了。注意，没有两万遍是起不了效果的。

看：通过文字图形接受外部信息，以达到观念内化。比如，和尚读经读多了，就会观念内化，进而影响情绪。假设一和尚背巨额现钞在宾馆睡觉，另一普通人也背巨额现钞在宾馆睡觉，他们两人的反应可能截然不同。普通人可能辗转难安，担心钱钞被盗，而和尚可能呼呼入睡，因为和尚认为"是劫逃不过，逃过不是劫"，该被偷掉的钱，看着也一定会被偷掉，不该被偷掉的钱，不管它也不会被偷。

做：通过动作来调整个体内心深处的意识以达到观念内化。现代心理学研究表明，特定的动作会造成心理暗示，从而引发观念的变化或加深。比如，笔者的一个学生自卑感非常强，有社交恐惧症，笔者就让其每天站在学生公寓的阳台上对着过往的行人做挥手致意的动作。连续做三个月，这位同学就变得神采奕奕，举手投足之间都最领导风范，充满了自信，社交恐惧症消失了；又如，人们开心的时候会不知不觉微笑，反过来，假装微笑也可以调整自己的心情，如果你不开心了，你使劲把嘴咧开笑，坚持20分钟，你就会发现你的心情有些改变了。

思考题

这一讲的主题是潜意识，它既是情绪主管机构，也是解决或者缓解一切情绪问题的前提。你能否举一个生活中的例子，说明潜意识是如何影响情绪的？

 **第02讲　人是被自己气死的？你的情绪取决于你看待事物的方式**

了解认知心理学

情绪管理包含许多重要的理论，其中一个基础理论是**认知心理学理论**。

认知心理学是20世纪50年代中期在西方兴起的、由美国的心理学家艾利斯提出的一种心理学思潮，是作为人类行为基础的心理机制，其核心是信息输入和输出之间发生的内部心理过程。认知心理学研究人的高级心理过程，与行为主义心理学家相反，认知心理学家研究那些不能观察的内部机制和过程，如信息的加工、存储、提取和推理。以信息加工观点研究认知过程是现代认知心理学的主流，可以说，认知心理学相当于信息加工心理学。它将人看作一个信息加工的系统，认为认知就是信息加工，包括感觉输入的编码、贮存、提取、输出的全过程。

认知心理学把人脑看作类似于计算机的信息加工系统，输入同样的数据，不同的分析软件会分析出不同的结论，比如，同样的体重75千克、身高172厘米，美国人软件分析出来的结论可能是这个人比多数人瘦，而中国人编的软件分析出结论来是比多数人胖。

认知心理学强调人头脑中已有的知识和知识结构（即认知）对人的行为和当前的认识活动有决定作用。这些已有的知识和知识结构（即认知），就好比计算机里面不同的分析软件。

所以，同样的外部信息输入，不同的人会得出高兴、痛苦等不同的结论。

认知心理学同时强调认知过程的整体性。现代认知心理学认为，人的认知活动是认知要素相互联系、相互作用的统一整体，任何一种认知活动都是在与其相联系的其他认知活动的配合下完成的。

认知心理学各流派纷繁复杂，观点也各有差异，本书只介绍主流观点，并关注其在情绪管理方面的应用，就不对各个流派观点做详细阐述。

> **认知心理学的核心思想：**人的情绪是由人的认知方式决定的。
> **模式：**A（外部刺激）→B（评价方式）→C（情绪）。

不同的情绪取决于看待问题的方式

由此可见，情绪不是由外部刺激直接形成的，而有一个加工处理的过程，也就是人们评价事物的方式。也就是说，面对同样一件事，不同的人看问题的方式不同，就会造成完全不同的情绪反应。

情境一：同一事件的两种反应

高速公路汽车追尾造成交通堵塞，结果导致两个人没能及时赶到机场，错过了自己的航班。这两个人对这件事的情绪反应截然相反。

一个人非常懊恼，心想："如果我能早点出发，不就能赶上飞机了吗？"

另一个人却喜滋滋的，心想："幸亏我出发得晚，否则那些追尾相撞的车子里，可能就有我的车了！"

面对同一件事情，不同的人看法差异是非常大的，这就是认知的不同导致的情绪反应不同。

情境二：老哭婆的故事

这是个经常被人举例的经典老故事。传说古代有个老太太，她有两个女儿，一个女儿嫁给了洗衣店的老板，一个女儿嫁给了雨伞店的老板。每当天晴的时候，她就担心嫁给雨伞店老板的女儿生意不好、没饭吃；每当下雨的时候，她就担心嫁给洗衣店老板的女儿生意不好、没饭吃。老太太整天生活在痛苦之中。

有一天，老太太遇到了个多年没见的老熟人，老熟人问她："老太太你两个女儿嫁到哪里去了？"老太太说："一个嫁给洗衣店老板，一个嫁给雨伞店老板。"老熟人惊叹道："老太太你家天天招财进宝啊！天晴，嫁给洗衣店老板的女儿家招财进宝；下雨，嫁给雨伞店老板的女儿家招财进宝。你太厉害了！不管天晴下雨，你们家天天招财进宝啊！"按现在的说法：他家现金流是不缺的。

老太太听了，精神为之一振，观念彻底改变，从此生活在幸福之中！

这个故事说明了，同一个人由于对同一个事情的看法发生变化，情绪就会发生变化。

情境三：婆媳矛盾中的懒媳妇

周末，婆婆看到媳妇在睡懒觉，九点半，还没起床，于是心里想："懒媳妇，懒媳妇，气死我了，九点半还不起床！"那是因为婆婆观念是：媳妇应该九点前起床；如果她的观念是：媳妇平时上班很辛苦，周末可以多睡会，可以睡到十点，那九点半没起床自然也就不气了。所以，与其说是媳妇九点半没起床把婆婆气坏了，不如说是婆婆觉得媳妇应该九点前起床的观念，把自己气坏了。

情境四：晚回家的丈夫

做妻子的常常会抱怨丈夫晚回家，丈夫一晚回家就会受到妻子的责怪："怎么回来这么晚啊！都几点啦？"这是妻子在脑海里有这么一个观念：好丈夫的标准就是要早回家。如果她的标准改为：好丈夫的标准就是要努力赚钱，把家撑起来，出去打拼。丈夫晚回家自然就不会受到这么多抱怨。在日本，就经常有老公早回家，老婆觉得老公没有出息而生气的例子，而且数量不少。所以本质上不是丈夫晚回家把妻子气坏了，而是妻子认为好丈夫就应该早回家的观念把妻子气坏了。

情境五：养鸡者的焦点

一个养鸡的人，如果他关注的焦点在鸡屎上，那他就会感到非常痛苦；如果他的意识与潜意识的焦点在鸡生蛋上，那他就会感到很开心。所以，养鸡到底是痛苦还是开心，很大程度上取决于他看问题的方式，取决于他的焦点在哪里。

情境六：逛公园者的焦点

一个人到公园去，如果他关注的焦点在狗屎、枯枝、垃圾桶和废纸，那他就会心情沮丧；如果他关注的焦点在美丽的风景、悦耳的鸟鸣、潺潺的流水,那他的心情就会很愉悦。

情境七:员工出车祸事件的逆向思考

有一次,笔者给EMBA总裁班上课,有个总经理故意当场出难题,站起来提了个问题:鞠教授,我公司有个员工,下班后在马路上被汽车撞死,我的情绪完全是负面的,你能不能帮我转换认知角度,让我的负面情绪小一点。

我自己就做过很多公司的总经理,这种事情也碰到过,但我的思维是很积极的,员工下班后被汽车撞死,总体而言当然是一件坏事,赶紧善后,安抚可怜的家属,给予优厚的抚恤金,对员工孩子实行心理干预,防止创伤,在员工孩子的成长道路上尽其所能地帮助他,组成帮困小组,给死者妻子介绍更高薪水的工作,这些都是当然要做的。

但这件事百分之百是坏事吗?有没有办法让这件坏事变得不那么坏呢?笔者悄悄地让人力资源总监把各个子公司各个车间不服从管理的年轻人全部集中起来,去参加追悼会。后来各级干部反映:当年发放年终奖的时候,公司特别太平,斤斤计较的现象大幅度减少,尤其是参加过追悼会的年轻人,思维明显通达了许多。当然请人去看望重病的病人,也有类似的效果。

情境八:艾滋病毒感染者的情绪缓解

还有一次给EMBA上课,也有个总经理当场出难题,举手发言说他认识的一个熟人,感染了艾滋病毒,现在艾滋病毒的阻断药效果很好,发病也是很久以后的事,而且还不一定发病。在西方医学界,已经把艾滋病当作一种慢性病看待,而且这种病也很难传染,一起工作、吃饭、洗澡都没有传染的可能。但人们对艾滋病毒感染者还是很恐惧,所以公司老板找了个其他理由,把熟人开除了,导致这个熟人没有经济来源,生活上极其困苦。这位总经理的熟人情绪极为低落,这个总经理当场要求笔者转换熟人的认知,缓解他的负面情绪。

笔者当场电话了他的这位熟人,把他介绍到了某房屋拆迁公司工作,很快,他就成了这家拆迁公司中拆迁业务完成速度第一名的员工。他去动员别人拆迁的时候,总是故意愁眉苦脸、唉声叹气地说:"我命苦啊!我干这工作也是迫不得已,我感染了艾滋病毒。"然后拿医院检测报告给大家看。被拆迁对象无不魂飞魄散,抱头鼠窜,于是他的业绩成了第一名,工资是原单位的七倍,成了这个拆迁公司的坚强核心,入了股,进了董事会,成了公司的大宝贝。

情境九:手纸把嘴擦破了

嘴上都是油,拿手纸擦嘴,但纸破了,结果嘴上油没有擦干净,反而弄得一手的油。有的人会想:"人倒霉了,喝凉水都塞牙,气死我了。"还有的人会感到非常幸运:"幸亏擦的是嘴!"

所以,通过以上这些情景的讲解,读者在日常生活中,一定要少说"你气死我了",因为其本质是"我自己的观念把我气死了"。

如何调整认知观念

笔者的学生们经常做下面的事,建议你也仿效,牢记并常常诵读下面这段话:

人生气主要不是外部环境造成的!

第02讲　人是被自己气死的？你的情绪取决于你看待事物的方式

> 人生气主要是自己的观念造成的！
> 我以后一定要少说"你气死我了！"
> 我知道主要是"我自己气死我了！"

把上述话语打印成3份，床边贴一份、卫生间贴一份、办公桌上贴一份。每天见到默念一次，一天三次，空时再默默体会这四句话，坚持半年，个人情绪会有很大的改变。如果配合作者独创的身心柔术，效果就更好了。

这四句话里为什么用"主要"这个词呢？

这是因为，少部分负面情绪与观念没有关系，比如，挨打了，没有饭吃了，没衣服穿冷着了，生病了，累着了……但在生活中，这类和观念没有关系的负面情绪比重不大，**大部分负面情绪与认知观念有关系。**

像前面的感染了艾滋病毒的例子，这位总经理熟人的负面情绪由两个原因导致：一个是感染了艾滋病毒导致的负面情绪，这个比较难改变；另一个是认为得了艾滋病无法生存的观念导致的。所以，最后这个总经理熟人的情绪缓解了，但不是负面情绪完全消失，得病本身导致的负面情绪是没法消失的，但错误的认知导致的负面情绪是可以消除的。

特别要提醒的是：**人的认知和情绪要从根本上变化不仅要调整意识层面的认知，更重要的是要调整潜意识层面的认知。**

比如，同样面对失恋，有的人会痛不欲生，甚至选择自杀，有的人难过几天就释怀了。之所以会有如此大的差异，最重要的原因之一就是人们对爱情的看法是不同的，有的人认为爱情是人生中最重要的东西,有的人却将爱情视为一场游戏。

从这个例子中可以看到,一个人对爱情的看法不同会造成完全不同的情绪反应。因此,要想调整自己的情绪,就需要从意识层面到潜意识层面调整自己的认知。这时需要注意一点,意识层面的认知比较容易调整,潜意识层面则不然。譬如在失恋后,很多人觉得可以接受,但仍然觉得非常难受,就是因为在潜意识层面没有及时调整过来。

具体关于潜意识的详细论述请到相关章节详细学习。

由认知心理学理论的衍生出来关于情绪调整的理论还有好多个子理论,分别是对错程度论、视角大小论、社会标签论、攀比论、风险放大论、他人评价重视程度论等,后面会仔细论述。

看到这里,请读者站起来,挺胸收腹,找个他人听不到的地方,大声地念下面四句话,声音越大越好:

人生气主要不是外部环境造成的!
人生气主要是自己的观念造成的!
我以后一定要少说"你气死我了!"
我知道主要是"我自己气死我了!"

思考题

想一想自己最近一次生气,运用认知心理学的技巧,回到具体情境中思考,究竟是自己怎样的观念造成了自己生气。

第03讲 幸福最重要的平衡是什么？利己利他相对平衡论

认识二元相对平衡哲学

二元相对平衡哲学的核心思想来源于中国传统文化，但又不完全相同，它的主要观点包括：世界万事万物都是由阴、阳两个元素构成，当阴、阳两个元素相对平衡时，事物就稳定、协调、健康地运行。

> **阳的定义**：强力的、动态的、向上的、亢奋的、开放的、积极的因素。
> **阴的定义**：柔弱的、静态的、向下的、平静的、收敛的、保守的因素。

举例来说，天地、日月、暑寒、刚柔、进退、伸缩、贵贱、男女、君子小人、有无、实虚……都是阴阳关系。古人认为：万事万物分阴阳有必然性，阴阳是宇宙的本质。

阴阳哲学的其他主要观点有：

- 阴阳互存。阴阳都以对方存在为自己存在的更好为前提，所谓"孤阴不生""孤阳不长"。
- 阴阳可分，以至无穷。世界上任何事物都可分为阴、阳两类,而任何事物中的阴或阳又可进一步分为下一层次的阴、阳两个方面。

- 阴阳至极而换或者解体。阴或阳到了极高的程度,就向反面转化,或者解体死亡。

诸对阴阳中有主次之分。因此,健康、人生、管理整顿的原则是:事急治标,事缓治本,总体是标本兼治。健康、人生、管理整顿中,根据目的不同,也可以划分出阴和阳。同一事物的目的相反,就是阴和阳的两极。

阴阳相对平衡主"和",矛盾论主"斗",两者主要的共性是承认世界是二元的。

阴阳论是二元思维,中庸之道是一元思维。

用阴阳二元相对平衡的哲学指导社会管理,就是建设和谐幸福社会;用阴阳二元相对平衡的哲学指导组织管理,就是建设和谐幸福组织;用阴阳二元相对平衡的哲学指导人生管理,就是建设和谐幸福人生;用阴阳二元相对平衡的哲学指导健康管理,就是建设和谐幸福的健康身体。

幸福在于平衡利己心与利他心

那么人生幸福最重要的阴阳平衡是什么呢?笔者认为是**利己与利他的相对平衡**。

当利他力量仅仅占到利己力量的20%以下,个体和环境就会存在严重的冲突,人际关系空前紧张,四处碰壁,个体会感觉到自己的运气非常差,进而影响情绪,个体感到非常痛苦。

第03讲 幸福最重要的平衡是什么？利己利他相对平衡论

而随着利他力量占利己力量的比重逐渐上升，个体与环境逐步走向协调，自我感觉运气逐步好转，人际关系逐步改善，个人幸福感增加。当利他力量占到利己力量的40%左右，个体的心情是比较舒畅的。

但是，当利他力量超过利己力量60%以上，个体的幸福度反而掉头向下发展，表现为责任过度，个体压力巨大，产生负面情绪，失眠比例开始上升，抑郁症、焦虑症、强迫症比例均开始上升。

也就是说，利他过低或者利他过度，都会导致个体幸福度下降。这里要特别说明的是：上述20%、40%、60%都是经验数据，虽然不一定准确，但是比没有数据更具有指导意义。笔者在大量接触了60岁之前得癌症的患者之后，就发现在利他程度太低、利己程度太高的两类极端人群中，年纪轻轻就罹患癌症的比例过高。读者们只要去查查资料就知道，年纪轻轻就罹患癌症与情绪有密切的关系，这两类极端人群都是活得很痛苦的人，潜意识觉得活着没劲、活着没意思，潜意识发挥作用，导致身体免疫力下降，因此，年纪轻轻就罹患癌症，本质上是情绪不好而导致的慢性自杀。

由于社会暗示每个人都要做好人，都要讲良心，所以大多数人对自己的利他程度——是不是个好人、良心有多好——是高估的，大家总结自己为什么没有发财，为什么没有成功，为什么没有爬上社会高阶阶层，总结来总结去，总是掉入一个荒谬的泥坑：我的良心太好了！

其实，良心太好的人是不多的，自认为良心太好的人是很多的。绝大多数人活不好的重要原因就是自私过度、利他不足。所以为什么很多人信了佛教以后感觉转运了呢？因为佛教叫人多做好事、多利他,对许多自私过度的人就起了作用,他们会发现自己对社会的适应度增加了,人际关系改善了,帮他忙的人多了,机会也多了,心情好了,由心理活动导致的心身疾病缓解了,于是感到是佛祖在保佑他。其实多做好事并不是对所有的人都有转运效果,对于利他心过度的人,反而有雪上加霜的作用。

当然上面分析的个体信奉佛教转变运气的例子,是指他不但烧香拜佛,而且认真研读佛经。仅仅是烧香拜佛,人的自私之心是降不下来的,对转变人的运气也是没有用的。

佛祖的本意是为人要减少欲望,而许多人在佛祖面前烧香跪拜,求佛祖保佑自己发大财、升大官、出大名、情场得意,如果真的佛祖地下有知,知道中华大地,青烟缭绕,无数徒子徒孙在求他升官发财,岂不是可笑吗?

在这里特别要说明的是:从心理学的观点看,热爱自己的孩子,为自己的孩子做奉献,不是属于利他范围,而是属于利己的范围。

很多人自认为全心全意为孩子着想,是一种无私的表现,好像自己没有从中获益,从而要求孩子感激自己,这是错误的。实际父母在孩子身上收获巨大,养育孩子是他们在潜意识里希望自己生命永存的外化行为,孩子满足了父母潜意识里永垂不朽的欲望,是父母人生价值的表现方式,是父母活下去的理由,是父母的希望和未来,是父母生命存在的原因,也是父母老来精神的依托和安全的保障。所以请不要把自己养孩子的行为打扮成雷锋式的行为,好像只对孩子好,你自己没有从中获得好处。孩子感恩你确实是应该的,但是,你感恩孩子也是应该的。

生活中还存在着许多现象，个体认为自己如何高尚、如何利他，实际是为了满足自己的需求，是自私心的体现。

经常有自己当年没考上好大学的父母，强迫孩子接受超过其智商、超出其可承受范围的高强度学习，给孩子造成身体损害和心理疾病。这些父母在意识层面真的认为自己是为了孩子好，是多么无私，实际上是一种非常自私的行为。其潜意识的出发点是为了满足自己的愿望，是补偿心理的体现。观察这类父母常常发现，他们自己的人际关系也很紧张，自感运气不好，本质是利己与利他处于不平衡的状态。

有的父母过去太穷，一生没有发财，于是把发财的希望寄托在孩子身上，根本不顾孩子的天赋秉性如何。比如，孩子天生数学能力差，硬逼着孩子去学金融，而金融对数学的能力要求是极高的，而这种天赋能力光通过后天努力是不能达到的。笔者就遇到过许多因此而得抑郁症的孩子。这些父母都举着"我是为孩子好"的大旗，实际上是为了自己好，是为了满足自己的私欲：为了让自己贫困的灵魂解渴！

有的父母事业有成，就逼迫孩子继承自己的事业，也不管孩子是否具有这种天赋秉性。为什么人们喜欢逼着自己的孩子继承自己的事业呢？是潜意识希望自己长生不老，是追求永恒存在的体现，是为了满足自己的私欲，而不是从孩子的角度出发，替孩子着想，真正为孩子好。

大多数指责型人格的人是自我价值感低的，他们聚焦于他人的缺点，通过指责别人来获取价值感、来获取自己的自我认同感，来安慰自己的灵魂。这是极度自私的体现，但他们无一例外都举着道德的大旗,声称:我批评你,是为了你好。

许多人有自己无数的细枝末节的规矩,诸如,毛巾怎么放、洗手以后甩手要甩三次、女孩呼吸不能太粗、擦手的纸要折三折,等等。这些生活中细小的规矩习惯都是个性化的,并不是社会公认的。但是许多人却强迫自己的孩子、老公、老婆、恋人、亲友严格遵守,把自己个性化的标准当作世界真理,强迫他人接受,实际上是为了满足自我中心主义者的需求。在教育孩子时,制定适度的规矩是要的,定太多清规戒律就是过度自私。这种类型的人会发现和亲密的人关系紧张,冲突不断,运气不佳,情绪也容易变坏,身体健康也容易出问题。

许多孩子坚决反对丧偶的父母再婚,理由道貌岸然,实际上不是为了自己的面子,就是为了防止遗产外流。同样道理,强迫同性恋子女结婚也是一种非常自私的不道德的行为,有相当部分的同性恋是基因突变形成的,与左撇子、身材高低、眼睛大小一样,不是道德选择而是天生的,父母强迫这样的孩子与异性结婚,不但让孩子痛苦万分,而且让孩子的配偶莫名其妙承担无穷的痛苦。很多父母之所以这么干,多半是为了面子,或者传宗接代的需要。

这样的例子是无穷的,高唱着无私的口号,实际上却是自私的。

在这里,我还要说明一下,人获得成就的欲望可不可以很大呢?无论这种欲望如何修饰装扮,称为事业心、进取心、责任心,多数获得成就的欲望隐藏在潜意识深处还是自私(除了改造社会的欲望不属于自私的范围)。

我们这堂课给出的答案是:获得成就的欲望可以很大,但要

第03讲 幸福最重要的平衡是什么？利己利他相对平衡论

配合相应的利他心！结合其他条件，人是可能成功的，而巨大的利他心恰恰是巨大的成就实现的必要而非充分条件。

也就是说：你利己的心有多大，你就应该心怀着相应的利他心！

思考题

请结合自己的实际情况，仔细想一想，自己在生活之中，是否有过打着"无私"的名义来做了"自私"的事情？

第04讲 人的欲望分哪几类?你的痛苦源于过度追求

人欲望的相对二元性

人的欲望是二元的,分为天生的欲望与后天人造的欲望。

天生的欲望,即基因带来的欲望,简称"天欲",它们包括但不限于:① 想吃香的喝辣的;② 想男欢女爱或者同性相爱;③ 希望冬天穿得暖、夏天穿得凉快;④ 希望获得母爱和父爱;⑤ 希望有房子住;⑥ 希望亲近大自然;⑦ 探索世界的好奇心;⑧ 追求成就的欲望;⑨ 适度追求安全感;⑩ 适度获得爱(不仅性爱);⑪ 适度获得尊重;⑫ 一定的利他性;⑬ 自我实现的愿望……

还有少部分人特有的天生欲望,包括但不限于:① 有人天生控制欲强,适合搞管理;② 有人天生好奇心特别强,适合搞学问;③ 有人天生喜欢音乐;④ 有人天生利他心大大高过社会平均数,适合做改革家……

而人造的欲望,是指受后天环境如教育、社会暗示、创伤影响形成的欲望,包括但不限于:① 省吃俭用,甚至举债追求名牌名车;② 一定要比某人水平高、成就大;③ 一定要找个会赚钱的对象;④ 对象不可以安于现状,一定要出人头地;⑤ 离了婚的女人一无是处；⑥ 已经吃穿不愁，却冒着坐牢的危险，不当得利；⑦ 已经吃穿不愁，却为赚钱奔波痛苦；⑧ 小孩成绩不好，父母恨铁不成钢；⑨ 生意上亏损了，就捶胸顿足；⑩ 人生的全部意义就是多赚钱；⑪ 父母关系不好或者离婚，子女认为自己没有价值；⑫ 必须继承家业，否则家就完了；⑬ 男人就是要创业；⑭ 过度追求安全感；⑮ 过度追求爱（不仅性爱）；⑯ 过度追求他人的尊重；⑰ 过度利他或者过度自私……

我们对待两类欲望的态度

我们对待天生的欲望态度应当是：**以满足为主**。

对天生的欲望以满足为主，七分左右的适当满足为阳，过度抑制为阴。是故，饭吃七分左右饱，性无罪但不可过度。是故，要根据孩子的天性而不是家长的需求培养孩子。对天生的欲望过度压抑或者泛滥，都会引发心理问题或者痛苦。

我们对待人造的欲望态度应当是：**以看空为主**。

对人造欲望的满足，达到三四分，为阴；以控制为主，为阳。所以，要讲究名牌名车不是不可以，应付一下需要的场合即可。金银首饰也是可以买的，适当点缀就可以。名牌衣服也可以穿，有一些就可以了。

笔者反对任何极端的东西，所以反对完全放弃人造欲望。完全放弃人造欲望既做不到也不科学。

天生欲望没有满足和追求人造欲望过度满足，都是造成心理疾病以及不良心理状态躯体化，形成生理疾病的重要原因。这些生理疾病主要有慢性肠炎、皮肤病、心因性阳痿、心因性糖尿病、心因性高血压、顽固性头痛、心因性肥胖（占肥胖中大部分）、年轻得癌症等，但是情绪管理心理学强调：现代人许多心理疾病和由此引起的生理疾病和痛苦主要是人造欲望过度造成的。

请读者注意，人造欲望与天生欲望不一样：人造欲望越是满足，饥渴程度反而越高，越是追求，欲望越大，筋疲力尽，永无尽期。

比如，对职称的追求，就是一个典型的人造需求，人的天性并不需要职称，但许多人为了职称产生了失眠、抑郁症、焦虑症、心脏病、顽固性头痛和高血压等疾病。

在2019年的中国，在高校执教的博士两年可以申请讲师，讲师5年后才有资格申请副教授，副教授上面是硕士生导师副教授、正教授、博士生导师正教授、博士后导师正教授，然后是工程院院士，还有似乎更高级的院士……高校领导者似乎觉得职称等级还是不能充分调动知识分子的积极性，又在院士与博士导师正教授之间设置了"国务院津贴获得者"这一名目，主要是精神鼓励。作者曾经遇到一位国务院津贴获得者，其每个月的国务院特殊津贴竟然只有400元左右。后来，光设置"国务院津贴"这个名目还是不能满足广大知识分子日益增长的头衔需要，又设置了"杰出青年科学家""长江学者""千人计划"等各类名目，还有的高校设置了"讲座教授""终身教授"等各类名目。总之，在学问的道路上起码要爬二十多级，爬呀爬呀爬呀爬，等爬到顶了，人生差不多也走到尽头了。

当然，笔者对人造欲望的态度并非完全拒绝，而是认为三四分满足即可，荣誉也是要的，但为了荣誉，弄得生活颠三倒四、疾病缠身、家庭关系空前紧张是不妥的。

情绪管理心理学与佛学对欲望的不同态度

如表4-1所示,情绪管理心理学与佛学对欲望的处理是不同的,在本书的框架内,并不强调四大皆空,而是有空有实、区别处理、二元相对平衡。总结如下:

表4-1 本书的二元理论与佛学对欲望处理的不同点

佛　　学	本 书 理 论
欲望不分	欲望二元
四大皆空	人欲偏空
主要是四法修炼	特有修炼如身心柔术
打坐入定	自我催眠或被催眠

思考题

结合切身经验,分析自己有哪些天生欲望和人造欲望;回忆一下你目前所遭遇到的最痛苦的事,是由于天生欲望不满足,还是人造欲望过多催生的。

第05讲　多数人就是对的吗？社会暗示对情绪的负面影响

社会给个人带来情绪暗示

> **社会暗示情绪论的定义**：就是社会以暗示的方式，定义各种价值，告诉个体，你应该幸福还是痛苦、高兴还是难受、正常还是不正常，从而影响个体的情绪。社会暗示对人的情绪的影响，比社会明示更加深入人的潜意识，对人的情绪影响更加深刻与持久。

举个例子说明"社会暗示"的影响。

即使在一个认可同性恋是正常取向的文化环境里，同性恋患上抑郁症的比例仍旧比社会平均数高，这在很大程度上是社会暗示造成的。试想，当一位同性恋者走在马路上，看见许多对男女夫妻走过，这些男女夫妻的形象就不知不觉地根植在同性恋者的心中，暗示同性恋是不正常的；接着，又看见若干对夫妻带着孩子走过，孩子的形象又不知不觉地暗示他，同性恋者没有孩子也是不正常的……于是，这些暗示在其心中自动生成了一个结论：你是不幸的。

假设在美国、欧洲、加拿大等高度反对歧视不同性取向并且允许同性婚姻的环境中,从来没有人以明确语言或者文字等"明示"的方式告诉同性恋者"你是不正常的",甚至不断有人鼓励他们,用明确的语言或文字告诉他们"同性恋是正常的",然而在心理学上,仍有一个无法摆脱的规律:暗示比明示对人的情绪影响更大。所以,同性恋者有更大的概率患上抑郁症。

同样的道理,单亲子女存在心理问题的比例也会偏高,原因是多方面的,比如其他章节会谈到的"认知情感行为冲突",比如母亲对前夫的憎恨投射到子女身上,比如离婚者中"指责型人格"比例偏高……这些都容易导致单亲子女患上心理疾病。但导致单亲子女心理疾病比例提升的重要原因之一,还是受到了社会暗示:你没有父亲或者没有母亲,你很不正常,因为你缺乏了重要的东西。而且根据心理学的统计,我们可以发现,随着社会离婚率的不断攀升,单亲子女存在心理问题的比例在下降,这就是社会暗示减弱的结果。

社会上存在哪些负面暗示

社会负面暗示的第一类主体有:电视、网络、报纸、杂志、路边墙、电梯间的各类广告。

这些广告为了把商品卖出去,总会提出一种大大高于社会平均水平的生活方式,有意无意地暗示绝大多数广告信息受众:你活得很不正常,甚至过的不是人的生活。怎样才能活得正常呢?买了我宣传的商品就活得正常了;否则你应该感到很痛苦,于是没有购买商品的人们就真的感觉自己痛不欲生。

随着市场经济的发展，广告已然成了制造人们痛苦的重要源头，它无所不在、无孔不入、无处不有，飞机上有，地铁里有，梦里回忆的电影情节里也有！人们痛苦的感觉大大增加，都觉得自己生活水准低下，活得很卑微、很废物、很窝囊，痛苦就这么产生了。

各种机构调查的社会平均收入，不管数据是真是假，只要一公布，绝大多数人的第一反应都是否定它：这是假的！数字太小了，难道过了这个数字就是中产阶级吗？那我岂不是已经成了中产，不可能！绝对不可能！这就是广告暗示制造"生活水准低下感"的有力证明。

尤其是奢侈品广告对人情绪的破坏极强。奢侈品的特点是：绝大多数人知晓，极少数人拥有。奢侈品广告铺天盖地，使得许多人觉得，我过的不是人的生活。根据我的观察，如果一个人，特别是一位女性，长期翻看奢侈品杂志，特别容易得抑郁症，因为女性比男性更容易受暗示。所以每当我看见女性学生深陷奢侈品杂志的泥淖之中，我就会主动帮她在杂志上写下"痛苦制造器"五个大字，先予以明示，再用眉头紧皱的表情，给她暗示，如此一来，便能缓解她心中对奢侈品的焦虑，避免抑郁症的进一步发生。

社会负面暗示的第二类主体是：偶像电视剧、偶像电影、偶像网络小说。

这些偶像影视、小说夸大了人们对爱情的要求，使人们误认为自己所拥有的爱情是低质量的、差劲的、应该感到痛苦和羞愧的。当女性看到偶像剧里的理想型男友，英俊多金，富有诗书涵养，时常有空陪伴自己玩闹，并且还特别纯情的时候，对现实中伴侣的不满就直线上升。比如，曾经有一部韩国电视剧《来自星星的你》，男主角叫都教授。这位都教授的人物设定是：特别英俊,有学问,有教授身份；特别有钱,拥有许多黄金地段的地产；在做学问和赚钱之余,特别有空闲,随时能陪女主角闹脾气；有超能力；最重要的是他特别专一,四百年来情窦未开,只爱女主角一个。随着这部韩剧在中华大地热播,夫妻冲突便直线上升,很大原因就是许多女性把影视作品和现实生活混为一谈,忘记了一个最基本的真相：都教授这样完美的男朋友是不存在的。如果硬说存在,只有一个地方有可能,那就是梦里。

社会负面暗示的第三类主体是：各类淫秽及色情出版物。

它们大大提高了男女对性伴侣不切实际的要求,导致生活质量下降、夫妻生活不和睦。

除了以上主要三类,社会负面暗示的其他主体还有许多,如权威榜样暗示、父母行为暗示、亲朋好友行为暗示、同学和邻居行为暗示等。总之,暗示无处不在,它们不断在人们心中投下情绪的影子,暗示你应该幸福或者痛苦,于是人们就真的感到幸福或者痛苦了。

社会暗示给笔者带来的影响

笔者回想自己从青年到老年,不断更换私家车的过程,便是一个不断受到社会暗示引发痛苦的过程,当然,也是一个逐步觉悟的过程。

记得20多岁的时候,笔者从硕士研究生毕业,到某高校做老师,教授领导心理学、谈判心理学、沟通心理学等管理心理学课程。刚开始,并没有自己的小车,也没觉得有什么不舒服,因为当时拥有私家车的人不到万分之一。后来笔者认为管理心理学的实践性很强，光在象牙塔里教书是不行的，应该从实践中来，到实践中去，索性就在外兼职担任了企业的副总经理，又做到了总经理，公司有专门的小车可以乘坐。可当上了副总经理之后，耳边开始回响一个声音：你真的干得好吗？怎么没有私家车？凡是有成就的人，都应该有一辆私车呀！

于是在重重社会暗示之下，笔者渐渐感到痛苦了，拿出19.7万元，买了辆黑色的桑塔纳，如今这种黑色的桑塔纳车型早已停产。当时笔者单位附近40平方米左右的房子总价8万元，而现在已涨至300万元。所以，那辆在校园中飞驰而过的黑色桑塔纳，可能是本单位老师中的第一辆私家车，面对周围人纷纷露出的羡慕眼光，暗示我应该感到很幸福，当时，我真的感到很开心。

后来随着经济发展，私家车越来越多了，社会上又冒出了一种新的暗示：有档次的成功人士应该拥有黑色别克车，这时候，笔者已经做了副教授，有了自己的研究生，而研究生一般都希望自己导师的社会地位越高越好，耳边常听学生说某某有了黑色的别克，帅气又拉风。笔者慢慢地就感到痛苦了：这辆黑色桑塔纳确实不行啊！于是，把黑色桑塔纳卖了8万元钱，再加28万元现金，共花了36万元买了辆黑色别克。当时，这辆黑色别克比校长坐的车档次还要高呢。笔者开着黑色别克，带着妻子、女儿在校园飞驰而过，周围人的眼神似乎在暗示我：好幸福！好幸福！于是笔者竟然也就感到幸福了！

可社会暗示是不断变化的，过了若干年，社会上又冒出了新的暗示：有成就的人应该坐"官车"。什么是"官车"？奥迪车就是

"官车"，因为当时为官者多半喜欢坐奥迪车。笔者当时已经兼任总经理一职，就把黑色别克卖了，又加了钱，花60余万，买了辆加长版的奥迪A6。每逢星期天，笔者坐着奥迪A6在校园飞驰而过，周围人的眼神似乎在暗示：好拉风啊！好拉风啊！于是笔者竟然也随之感到无比自豪！不过，坐加长版奥迪A6和黑色别克相比，享受度最多提高了10%，这多出来的70%的价钱，主要是用来买了四个圈。

这时候笔者已经40多岁了，以为奥迪A6混到退休差不多了，没想到还没到5年，社会又产生了新的暗示：有成就的人应该坐奔驰车。于是笔者到处都听到建议，核心只有一句话：该坐奔驰车啦！该坐奔驰车啦！该坐奔驰车啦！

有一天，笔者坐在阳台上，遥望夏夜满天星斗，心中怦然有所觉悟，对妻子说道："如果我们花100多万，换辆奔驰车，估计也是太平不了的，过了若干年，一定有人会对我说，作为男人，怎么能没有直升机！"

在相当一部分人眼里，人生的意义非常简单，就是拼命赚钱，买辆桑塔纳，再节衣缩食，升格为黑色别克，再加班加点，升格为奥迪A6，再绞尽脑汁弄钱，升格为奔驰，再一路……直奔向一个豪华的骨灰盒！

前两年，还真有学生向笔者推荐直升机："老师！直升机真的很便宜！很便宜！对你来说很简单的，价格仅为两百万元！"

但笔者这些年已经觉悟了，不断地提醒自己提防各类社会负面暗示，非但不会去买奔驰车和直升机，而且连奥迪车也不要了，平时就坐辆40万元的日本皇冠车，对于各类暗示，完全不加理会，甚至还会嗤之以鼻。

社会负面暗示的典型案例

笔者还有一位朋友,身高1.88米,有次偶然的机会,开了一辆老爷版奔驰车兜风,立刻受到了许多上海女孩的青睐,纷纷暗示或者明示:好帅好帅哦!这位朋友立刻花了巨款,购进了奔驰老爷车,还请笔者去欣赏、试坐。坐这老爷车实在谈不上享受,车顶很矮,位子狭窄,但这位朋友为了获取女孩们的欢心,鼓起百倍的勇气,千倍的干劲,以坚韧不拔的毅力,弯着腰,拼命坚持开奔驰老爷车,终于得了严重的腰椎间盘突出!

笔者有一次在上海交通大学总裁班上课,学生中有一个总裁,白手起家,个人资产几亿元,结果放弃了离公司很近的住宅,在郊区买了一个巨大的别墅,从那以后,每天上下班都要花1小时20分钟。最重要的是,他夫人有洁癖,不喜欢保姆住家,因此每次出门要亲自关门窗,门窗共41扇,关门窗得花半小时。这位总裁多次邀请我到他家做客,我当然明白他是为了显摆,虽然我没有义务去满足他的炫耀心态,可这位总裁偏偏坚持不懈,最后我被他说动了。既然去了,自然好事做到底,为了充分满足这位学生显摆的需求,我故意把眼睛睁大20%,不断发出诸如"真大、真高、真宽阔、真漂亮"的感叹词,再配合一些惊讶的声音,这位学生听到后,简直是通体舒坦、飘飘欲仙!这栋别墅共有两层,于是笔者要上二楼看看,正准备上楼梯,总裁学生突然恭敬地伸出一只手,说道:"教授慢!请走电梯!"

第05讲 多数人就是对的吗？社会暗示对情绪的负面影响

原来这位总裁学生为两层别墅专门配了一个价值700万元的豪华电梯，电梯配上真皮地毯，设置了装饮料的小型冰箱、小型真皮沙发，大概是上升中途劳累，可以休息休息，喝点饮料解解乏之意。身为教师，我严厉批评了这位学生，说他完全是被社会暗示左右，不是为自己而活，搬进这栋别墅后，每天上下班要多花2小时40分钟，关门开门非常劳累，本来一个箭步可以上楼梯，也分解成了按电钮开门、进电梯、按电钮关门、上升、按电钮开门、出门共计六个动作，说不定中途还得喝杯饮料解解乏，生活多累啊！他不是为自己活的，他是为别人的嘴皮子活，他问题的本质表面看是自尊，实际是内心自卑、价值感低，所以，他对社会的认可与赞扬是永远吃不饱的，他生活中的一切都是为了换取认可和赞扬。他为什么这么需要赞扬呢？原来他的年龄比我还大上几岁，小时候跟着家人在农村受过苦，在他的潜意识里，自我价值感是非常低的，对认可的需求是无限的。这样的人非常需要接受心理治疗，否则，他这一辈子会极其痛苦。

顺便提一下，指责型父母培养出的后代，由于小时候受到过多的批评，潜意识里自我价值感不足，长大后对认可的需求也特别大，特别容易受到社会暗示。对人生幸福的追求本是好事一桩，不料却变了质，异化成了对认可的追求！

社会暗示对人的情绪影响这么大，那我们应该怎么办呢？首先，一定要仔细分辨，哪些暗示给我们产生了负面情绪，那些暗示是对的吗，我们应该接受吗。这种反省是有效的，但是如果潜意识"装"进了大量的社会负面暗示，就需要通过催眠之类的心理疗法，来调整潜意识，进而来调整情绪了。

别看我们中华传统文化博大精深，其中，也有一个很值得留心的负面暗示:"你和大多数人不同是不对的""人与人都应该一样"。我们经常听到"人同此心""换位思考""己所不欲,勿施于人"的说法,其实,这里都隐藏着一个假设——人的本性是一样的,或者,人的需求应该是一样的;否则,你就是不正常的,你应该感到内疚、羞愧、痛苦。

"己所不欲,勿施于人"这句话出自《论语》,流传甚广,这句话放出的暗示是:人的本性是一样的,或者,人的需求应该是一样的。这句话影响甚大,造成了中华文化的趋同性心理。其实这个暗示是需要纠正的,你不喜欢吃红烧肉,不等于别人不喜欢吃红烧肉。

又如,左撇子是少数,但西方的社会文化认为它是正常的;同性恋者是少数,但西方不少国家的社会文化认为它是正常的;残疾人是少数,但西方各国社会文化没有歧视他们。在美国,可以满街看到残疾人晃荡,表情安详而自足,中国街上却没什么残疾人,并不是因为西方残疾人比例比中国人高,而是中国人的歧视眼光把残疾人逼回了住宅,不敢出来;丁克家庭是少数,许多西方国家社会文化也认为是正常的……

总之,我们要意识到:社会是多元的,人心是不同的,人的本性也是不同的,人的天生需求也是不同的,少数并不等于过错,一个正常的社会一定是一个多元化的包容的社会。

> **思考题**
>
> 在你的人生经历中,是否有过因为社会暗示而感到无比痛苦的时候?你是否愿意为摆脱它的负面影响而努力?

第06讲　大众为何喜欢谬论？态度协调理论告诉你答案

认识态度的三种心理成分

> **态度的定义**：对某种事物的相对稳定的心理倾向，包括认知、情感、行为三种心理成分。

认知、情感、行为这三种心理成分，一旦处于协调状态，个体就情绪稳定，感到舒适；一旦处于矛盾状态，个体就产生紧张情绪，就会感觉痛苦。个体一痛苦，就想逃避痛苦；一逃避痛苦，就想重新构建三者之间的关系；而重新构建三者之间的关系，最常用的办法就是改善"认知"这一成分，因为这样比较省力而易于操作。

下面，先说说态度的三种成分的具体含义。

（1）认知成分是指个体对人、事、物的认识和了解。它包括人对于对象的所有思想、信念及知识。通俗地讲，认知成分是个体的一种"看法"。

（2）情感成分是指个体对人、事、物的好恶及情绪反应。比如，张三初见李四，会产生讨厌或喜欢李四，或对李四既不讨厌也不喜欢的直发性情绪。

（3）行为成分是指个体对人、事、物的实际反应或行动，即个体是怎么做的。

人类个体的本质就是要避免痛苦，走向幸福。所以，当这三种心理成分产生矛盾时，人们会运用各种办法重新调整，使之趋向于协调。

举一个例子，学校的学生，有两类非常幸福，有一类学生非常痛苦。

凡是认知上认为在校应该好好学习，情感上喜欢学习、行为上认真学习的学生会感到很幸福，犹如书虫般一头扎进书堆，不亦乐乎。别人觉得奇怪，本人却觉得很幸福。

凡是认知上认为青春年少应该多玩、享受人生，情感上喜欢上网、打球、打麻将，行为上整天在玩的学生，其心理上也充满了愉悦感。虽然很多课不及格，但他们并没有心理疾病。

凡是认知上认为应该好好学习，行为上却整天在上网、打球、打麻将的学生内心最为痛苦。这一类学生经常会给自己心理上"下套子"：打球之前诅咒发誓"今天我打球如果超过一小时，那简直不是人，而是一头猪"，结果又打了两三个小时，事后，内心不禁懊悔道"我简直是头猪，不是人"。这类学生在心理上时刻处于紧张状态，失眠、抑郁症、焦虑症等心理疾病出现在这类学生身上的概率要高于普通人群。

再举个例子，在面对婚外恋时，有两类人非常幸福，两类人非常痛苦。

凡是认知上认为不应该搞婚外恋，情感上没有喜爱的对象，行为上也没有婚外恋行为的人，他会感到身心愉悦。因为他的认知、情感、行为处于协调状态。

凡是认知上认为婚外恋是理所应当的，情感上有喜爱的对象，行为上也发生婚外恋的人，他会感到身心愉悦。他的认知、情感、行为也处于协调状态。

凡是认知上认为婚外恋是不对的，但行为上有婚外恋或情感上有喜欢的婚外对象的人，这类人会感到非常痛苦。因为他的认知、情感、行为处于不协调状态。

凡是认知上认为应该搞婚外恋，但行为上没有机会或情感上找不到合适对象的人，也会感到非常痛苦。因为他的认知、情感、行为处于非常不协调状态。

于是，失眠、抑郁症、焦虑症、甲状腺癌、甲状腺结节、高血压、皮肤病、糖尿病、肠胃病等身心疾病出现在后两类人身上发生的概率也要高于普通人群。

当人类个体的态度失调时，个体会产生什么样的后续反应呢？理想的反应模式是：**努力重新协调态度的三种心理成分，使之趋于协调一致。**

如何协调认知、情感与行为

比如上述认知中，觉得应该好好学习，行为上却整天在上网、打球、打麻将的学生，可以有多种多样的使态度可以重新协调的方法：

第一种方法，重新调整行为，努力学习。不过采用这种方法的学生比较少，因为这需要坚强的毅力。

第二种方法，重新调整认知。比如，对外部信息进行过滤，通过比尔·盖茨连大学都没有毕业的例子得出结论——读书越多越没用，并且对此结论深信不疑。对无数读书成功的案例视而不见，从此身心愉悦、生活幸福。或者创造一种新认知：只有玩得好，才能学得好，玩得越多，学得越好，也可以勉强平衡态度矛盾，保持较为愉悦的心情。甚至有的学生创造出这样一种认知：玩就是学习！于是烦恼烟消云散，走向幸福的彼岸。

第三种方法，重新调整情感。比如，笔者在调整过于贪玩的学生态度时，常常会给学生一根橡皮筋套在手腕上，并要求学生每当上网的念头涌上心头，就把橡皮筋拉开五寸，然后突然放手，学生手腕立刻剧痛，这样坚持了两三个月，学生的情感成分就会被调整为"上网等于痛苦"。于是他渐渐也变得不那么贪玩了。

认知、情感与行为三者协调的典型案例

态度理论给了我们一个重要启示：**凡是能够缓解态度的三种心理成分矛盾的认知，就容易被个体所接受**。我们现在就用这种理论来分析一下典型案例。

世界上有70%的人信仰宗教，我国流行的宗教主要有佛教、基督教、伊斯兰教、道教。为什么会有这么多人相信宗教呢？重要的原因之一，就是宗教能够缓解人对生与死这一事情上态度的不协调。

许多人对待生与死的问题不是很清晰，认知、情感和行为都是矛盾的。认知上，认为人必然要死；情感上，不喜欢死；行为上，不得不死。这种矛盾就产生了强烈的紧张，导致了巨大的痛苦。而任

何宗教都会告诉人们死后，会以这样或那样的形式继续存在——或者进入天堂，或者进入轮回，或者得道成仙，或者进入极乐世界。

如果一个人认为死亡就是油尽灯枯、灰飞烟灭、化为腐土，那将是多么的痛苦！如果人死后可以进入天堂，与家人朋友相聚，看不尽风景，尝天下美食，多么幸福！

再举个例子。有一部分畅销书，畅销的原因就在于书中所宣扬的思想能够缓解人们态度三种成分矛盾所产生的紧张。

有一本减肥的书卖得非常好，销量高达140万册。因为大多数胖子对于节食的态度都是自相矛盾的：认知上，认为应该少吃；情感上，喜欢多吃；行为上，又控制不住多吃。于是就产生强烈的紧张，内心弥漫着痛苦。这本减肥书之所以畅销，就是因为名字起得太好了。许多胖子一看书名就眼睛一亮，顿时发现世界一片光明——这本书的名字叫作《多吃减肥法》。

市面上流行的"人人可以成功""人人都可以发大财"之类的成功学书籍，大多也是因为缓解了态度三种成分之间的矛盾，而广受欢迎。究其内容，多数在理论上漏洞百出，但确实有一个重要的作用——哄人开心。

假如想写一本管理心理学方面的畅销书，怎样写才能轰动市场呢？答案很简单，可以提出这样的观点：管理的要义就是"领导无为"，领导要相信员工、依靠员工、发动员工，要让员工自己管理自己、自己教育自己、自己解放自己。具体地说，首先要取消考勤制度；其次要取消质控部，去除员工头上的枷锁，解放生产力。员工肯定会把这些书买来送给领导，加上员工的数量比领导多得多，书的销量一定非常可观。

我曾经做过一个实验，邀请了100个人，根据吸烟的程度，分为大烟鬼、中烟鬼、小烟鬼、不抽烟四个级别。

　　实验的内容是，在桌子上放两条青菜里抓来的小青虫，请第一个人一边抽烟，一边对第一条小青虫不断吐烟。接着，请第二个人不抽烟，对第二条小青虫仅仅是吹气，不含一口烟。过了一会儿，被喷烟的小青虫竟然死了，而被吹气的小青虫还活着。从这个实验可以看出，尼古丁实际的危害远比人们想象的要大。随后我要求在场的100人，一个个分别进会谈室谈感想，之所以要一个个分别进来，是为了防止意见互相影响，让他们独立思考。结果这群人对实验的看法差异是很大的，不抽烟的人、小烟鬼及部分中烟鬼纷纷表示："尼古丁的危害性比想象的大，实在太可怕了！"但是令人意外的是，全部的大烟鬼以及部分的中烟鬼纷纷表示："这个实验充分说明抽烟对身体健康是有益的，抽烟可以杀死肚子里的寄生虫！"

　　从上述例子可以看出，即便思想观念是不科学的，只要能起到缓解态度三种成分矛盾的作用，都非常容易流行。

　　这就解释了为什么那些非常荒唐的传销组织，再怎么荒唐也非常有吸引力的原因。某些纯属拉人头、交会费的传销，没有任何产品，从逻辑上看是说不通的，但是很有吸引力，不是因为它有道理，而是它可以让人开心，它的歪理邪说协调了无数人心中的矛盾：希望无本、轻松、迅速发大财！

警惕与事实不符的观念

　　笔者还要特别提醒的是，当一种改造社会的学说广为流行，变

第06讲 大众为何喜欢谬论？态度协调理论告诉你答案

成了文化程度很低的人群普遍接受的东西，这种社会学说常常不是一种真理，而是这种学说协调了认知、情感、行为三者的矛盾。

这种社会学说在学术上叫作民粹主义，即满足了低文化程度广大人民群众非理性的、直觉性的、表象性的需求。比较典型的有委内瑞拉的查尔斯主义，本来委内瑞拉是世界排前位的富国，结果总统查尔斯提出要用国家财政大量补贴人民群众，不用干活也有钱，把石油企业变成国有企业，导致效率下降，石油产量大幅度下降；大量购买国外工业品亏本卖给广大人民群众，大家非常高兴，导致本国工业无利可赚而萎缩，结果油价一波动，国民经济就崩溃，通货膨胀率达到百分之一百万以上，饿死了许多人。还有一个典型是阿根廷的贝隆主义，也是国家大量补贴广大人民群众，打击企业主，结果富人没了，穷人也过不下去了，导致国民经济大幅度衰退。巴基斯坦也是一个具有代表性的案例，它曾经爆发大饥荒，政府响应广大人民群众的呼声，用行政手段、法律手段强制管制粮食价格，大力打击囤积粮食的粮商，结果导致外地的粮食不愿进来，本地储藏粮食的人不愿抛售粮食，很多人饿死。从广大低文化程度群众的直觉眼光看，管制粮食价格当然是对百姓有利的，但实践的结果却是有害的，造成了更严重的饥荒。后来巴基斯坦吸取了教训，在第二次发生饥荒的时候，政府放开了粮价，导致外地粮食涌入本地，本地储存粮食的人看到粮价很高，开始减少自己的粮食摄入量，抛售粮食，获取高利，结果第二次饥荒几乎没有人死亡。直觉和真相常常是两码事。

身为中国人，一定要警惕民粹主义。笔者认为，无论就中国人的心理特质而言，还是总体文化程度而言，可以得出一个这样的结论：中国有着民粹主义肥沃的土壤，一旦民粹主义产生，会对未来的中国形成巨大的祸害。

各位读者一定要记住：人的本性是追求开心，而不是追求真理，所以人类看问题是不客观的；人是一种非常善于自我欺骗的动物，每个人都是大骗子，主要骗的是自己！

当然，人的不客观程度是有差别的，自我欺骗的程度是不同的。有的人自我欺骗性非常高，有的人自我欺骗性比较低，没有自我欺骗性的人是不存在的。那么，应该如何降低自我欺骗性呢？关键在于提高个人的文化程度！而文化知识里，最关键的又是心理学知识，学了心理学的人，自我欺骗程度会大幅度降低，看问题的客观性也会大幅度提高。所以，恭喜各位读者，当你看到这里的时候，已经走在人生平衡而幸福的旅途上，你的客观程度正在提高，自我欺骗性也在逐步下降，人生的磨难将会开始减少。

"态度协调理论"还给了我们一个重要的启示：我们要时刻警觉我们认知、情感、行为的矛盾，努力协调好、调整好自己的情绪。

思考题

如果你正在陷入某种态度失调的时刻，那么，想一想你应该如何改善认知、情感、行为这三种心理成分，使之趋于协调。

 **第07讲 生化情绪论有局限？治疗抑郁症应双管齐下**

生化情绪论存在局限性

生化情绪论的核心思想是：**任何心理现象背后都隐藏着物质原因。**

情绪高低背后隐藏着的主要物质有三种：五羟色胺、内啡肽、去甲肾上腺素。其中，五羟色胺对情绪的影响最大，当五羟色胺含量过低时，就会爆发抑郁症。

生化情绪论主要盛行于医院系统，治疗抑郁症的办法主要就是吃药。无数事例证实，吃药对改善抑郁情绪是有效的，而且见效极快，大约两周就有明显效果，相当一部分人第一周就开始见效。但是，有一个非常令人尴尬的数据：光吃药治疗抑郁症的复发率在70%左右。可见，生化情绪论还是有局限性，对于治疗抑郁症，学界的公认观点是：药物治疗和心理治疗最好能并行，如此一来，可以把复发率降低到30%左右。当然，最终诊疗效果与心理治疗师的水平密切相关，不同的心理治疗师效果差异极大。

为什么人的五羟色胺会降低？从目前的主流意见看，主要是两个因素：基因因素与青少年时代形成的后天潜意识认知方式和认知结构因素。也就是说，潜意识的认知方式和认知结构会反过来影响内分泌的状况。举个例子，笔者曾做过许多次实验，用催眠来调整个体实验者血压、血糖、白细胞、红细胞的高低，都有非常明显的变化，可见心理活动是可以影响体内生化分泌的。

很多人的抑郁症是二十岁左右爆发的，都可以在现实生活中找到刺激源，但经过仔细分析能发现，这种刺激源放在他人身上，70%～80%的概率是不会引发抑郁症的。经过进一步调查，这些抑郁症患者40%～50%有家族悲观主义史，60%～70%在青少年时期有创伤性经历，潜意识中沉淀了大量错误认知。当然，既无家族悲观主义史，又无青少年创伤性经历的人也有患上抑郁症的可能，这需要巨大的负面刺激。

认识抗抑郁药物

抗抑郁症药物的化学名称有：氟西汀、帕罗西汀、舍曲林、氟伏沙明、西酞普兰、艾司西酞普兰、托莫西汀、瑞波西汀、文拉法辛、度洛西汀、米那普化、米氮平、曲唑酮、马普替林、米安色林、去甲替林、阿米替林、氯米帕明、地昔帕明、多塞平、丙米嗪、噻萘普汀钠、阿莫沙平、吗氯贝胺等。

但是，同一种化学药物会有不同的商品名称，比如氟西汀有叫"百忧解"的，还有叫"柏忧解"的，原因是仿制药可以用同样的化学结构，却不可以用同样的商品名。2019年市面上流行的"美抒玉"与"美时玉"的化学结构是一样的。

第07讲　生化情绪论有局限？治疗抑郁症应双管齐下

抗抑郁药的主要作用是消除病理性情绪低落，需要注意的一点是，它不同于精神振奋剂，抗抑郁药只能消除病理性抑郁情绪，并不提高正常人的情绪。由于抑郁症复发率高，抑郁症症状缓解后尚应维持治疗4～6个月，以巩固疗效、降低复发率。

这些精神类药物都是处方药，理论上个人不能自行到药房购买，需要到正规医院去开。同时，要注意到每个人对不同药的敏感性不同，并且每个人的病症侧重点又有所不同。比如，有的人在抗抑郁的同时，需要减少失眠状况，医生多用"美抒玉"；有的人在减少抑郁的同时，需要注意减少药物对性欲的影响，医生多用"怡诺思"。各人情况不同，自己胡乱吃药是非常不妥的，在医生的指导下服药才是正确做法。

很多人反映抗抑郁药物副作用很大，但在多数情况下，抗抑郁药物的副作用都是自我心理负面暗示放大的。作者曾遇到过许多说药物副作用很大的人，这些人在接受催眠疗法后纷纷表示，副作用明显减少甚至消失了。这就证明在抗抑郁药物的使用中，很多副作用是心理暗示的结果。

严重的抑郁症患者，有个非常麻烦的问题：不肯吃药！他们会不自觉地放大吃药的风险，此时，关键的一步是通过心理干预降低他们对吃药风险的主观感觉，引导他们按时服用药物。

运动也会提高五羟色胺、内啡肽和去甲肾上腺素的数量，所以也有新闻报道说，一些人通过长跑治好了抑郁症。但运动提高五羟色胺、内啡肽和去甲肾上腺素的数量是极其有限的，长跑治好抑郁症只是个别现象，对大多数人没有用。当然，运动对不良情绪是有一定的缓解作用，但作用很小。

经过作者多年的实验及研究,开发了一套特别能缓解抑郁情绪的方法,即多系列的身心柔术,由外至内对情绪的改善作用大大超过普通运动,在后续篇幅中,作者会细谈这套身心柔术的具体运用。

抑郁情绪与抑郁症是不同的,抑郁情绪可以找到外部刺激源,并且是符合逻辑的,抑郁症可以是完全无理由的情绪低落,甚至找不到任何外部原因,即便找到外部原因,在旁人看来是极其夸大的、无逻辑的、难以理解的。

抑郁症诊断标准自查

抑郁症的诊断标准,中外不同,其实都是有效的。中国标准是表7-1的9项中有4项及4项以上持续2周,便有患上抑郁症的可能:

表7-1 抑郁症诊断标准(中国)

1	兴趣丧失、无愉悦感
2	精力减退或感到疲乏
3	精神运动性迟滞或激越
4	自我评价过低、自责,或有内疚感
5	联想困难或自觉思考能力下降
6	反复出现想死的念头或有自杀、自残行为
7	睡眠障碍,如失眠、早醒、睡眠过多
8	食欲降低或体重明显减轻
9	性欲减退

第07讲 生化情绪论有局限？治疗抑郁症应双管齐下

以下对于上述标准做一些补充解释。

（1）管理精英和知识分子抑郁症容易出现过度思考人生意义的现象，这是因为社会暗示成功人士应该坚强，所以思考自杀感觉没有档次，显得深度不够。

（2）精神运动性迟滞是指自感思维缓慢，注意力、记忆力下降并且动作缓慢，精神运动性激越则表现相反，但以前者为多见。

（3）睡眠障碍以早醒居多。

（4）体重明显减轻是指一个月内减轻5%以上。

其他可能的非典型症状还有以下9种：① 决策时特别犹豫不决；② 身体不固定地点疼痛；③ 怀疑自己得重病，如癌症、艾滋病等；④ 肠胃功能紊乱；⑤ 头痛；⑥ 心慌气短；⑦ 尿频尿痛；⑧ 不愿意见人；⑨ 担心坏事发生即有焦虑症并发。

抑郁症的潜意识心理学解释

抑郁症在潜意识心理学上的解释，如表7-2所示。

表7-2 关于抑郁症的潜意识心理学解释

1. 潜意识信息选择机制对坏消息特别敏感	2. 潜意识里有青少年时的创伤沉淀
3. 潜意识用对自己惩罚表达对亲人愤怒	4. 潜意识对自己否定
5. 潜意识性压抑的表达方式	6. 潜意识视角太小，小事变大事
7. 青少年时代安全感不足在潜意识的沉淀	8. 潜意识里面子观太强
9. 潜意识因过去的倒霉事认定自己命运不好	10. 潜意识对自己目标太高
11. 潜意识认为死了比活着更幸福	12. 潜意识对公平需求过度

(续表)

13. 潜意识关注他人缺点,感觉世上无好人	14. 潜意识里攀比心太强
15. 潜意识的对错观很强	16. 潜意识里责任心太强
17. 潜意识有负罪感	

注意,以上罗列的情况均是常见的,还有许多不常见的,抑郁症患者的表现不一定符合上表中的全部,而可能符合其中一个或者数个解释。根据统计结果,抑郁症的发病率为3%～5%,终身得一次或者一次以上的发病率为15%～20%,重度抑郁症的自杀率为20%。

我们不能把抑郁症简单理解为"想不通",特别是重度抑郁症者必须先药物治疗控制自杀风险,再进行心理治疗,主要是潜意识治疗。抑郁症患者脑海里的消极观念,不是通过普通劝解可以消除的。许多人把抑郁症仅仅简单理解为"通过普通劝说可以解决的问题",导致延误治疗,最终酿成自杀的惨剧。

解决心理问题不能只依赖药物

目前,社会上有一种错误倾向,就是过度依赖药物来应对心理问题,这是十分危险的。过高的复发率已经证明这条路是走不通的,最有效的办法还是药物和心理调整双管齐下。很多人的烦恼,确实由于许多错误认知造成的,导致自身与环境严重不相适应。特别是在西方发达国家,比如美国,总是可以听到一些极端的声音,有一个学术派别甚至主张未来的大同社会,就是"百忧解"无

限免费发放的社会,所有社会问题都通过药物来解决,他们主张:

"夫妻吵架离婚怎么办?吃百忧解!"

"员工大规模群体聚集闹罢工怎么办?吃百忧解!"

"小孩不愿意上学怎么办?吃百忧解!"

当然,作者确实观察到,当小孩不愿上学时,其中60%～70%的孩子有抑郁症的情况出现,吃百忧解是有一定效果的,但完全依赖药物是不对的。他们为什么有抑郁症呢?我们需要寻找更深层次的原因,比如,一个单亲家庭的孩子,随母亲生活,母亲把对前夫的憎恨投射到孩子身上,母亲在孩子身上老是看到前夫的影子,于是以各种理由对孩子批评个不停,导致孩子患上了抑郁症。在这种情况下,不调整他们的亲子关系,光靠吃百忧解,治标不治本,很快就会复发。

我们要反对"只吃药而不进行心理调整"的极端倾向,同时也反对"不吃药"的极端倾向。正确的态度应该是"药物治疗和心理调整同时进行"。

当然要特别提醒,不能把心理调整仅仅理解为谈话,只会谈话的心理调整都是低效的,甚至是无效的,一定要进入人的潜意识,改变人的深层心理结构,才会达到比较好的治疗效果。

> **思考题**
>
> 利用抑郁症诊断标准自测,看看自己是否有患上抑郁症的可能?并且在阅读全书的基础上,尝试练习身心柔术。

第08讲 情绪管理也讲基本法？认识二元相对平衡哲学

二元相对平衡哲学贯穿的学术体系

笔者所创立的是以心理学为主线，贯穿个体身心健康管理、家庭管理、组织管理、社会公共管理4个方面的有机统一的学术体系，共涉及30多门课程，包括领导心理学、沟通心理学、营销管理心理学、战略学、控制心理学、消费心理学、人才心理学、创新心理学、心理学视角的绩效管理、谈判心理学、婚姻心理学、亲子教育心理学、网瘾戒除心理学、房树人图画潜意识分析、文字潜意识分析、肢体语言潜意识心理分析、心理量表测量学、催眠心理学、情绪管理心理学、慢性病的心理分析、心理疾病分析、心理问题是如何变成生理疾病的、催眠减肥心理学、烟瘾酒瘾赌瘾戒除心理学、癌症心理干预、心理学自我催眠、心理学视角的诸子百家、心理学视角的经济学、社会公共管理心理学、心理学哲学等。它们有共同的哲学基础，即二元相对平衡哲学，该哲学基础对管理尤其有指导意义。当然，通过线下课程学习比看书学习效果会更好，但最低限度要掌握基本概念，才能对领导心理学有更深刻的理解。

第08讲　情绪管理也讲基本法？认识二元相对平衡哲学

领导心理学中的二元相对平衡

我们先谈一谈在领导心理学中的二元相对平衡哲学。

领导者通常会有如下15个疑问：

（1）我们都说要建立"和谐社会"，那建立"和谐社会"的方法是什么呢？

（2）为什么许多西方国家的政府首脑和高官走马灯似地轮换，社会生活却运作如常？

（3）为什么市场经济高度发达的西方国家会有那么多人相信宗教？

（4）社会贫富差距拉大会导致社会不稳定，差距过小又动力不足，怎么办？

（5）为什么在某些地方，华而不实甚至祸国殃民的"形象工程"屡屡上马？为什么如此错误的决策可以大行其道、畅通无阻？

（6）为什么自然科学技术在明、清两代没有发展起来？

（7）为什么中国古代的封建王朝要设立专门"唱反调"的谏官？

（8）为什么各个朝代的后期官员素质总是不如前期？

（9）为什么有朝代更替？它内在的原因是什么？

（10）为什么很多朝代会有潜规则？它起什么样的作用？

（11）为什么企业中强调利益机制会形成斤斤计较、钻制度空子、物欲横流的不良风气，而不用利益刺激似乎又不行？出路在哪里？

（12）为什么员工跳槽频繁的私营企业，反而比人员稳定的国有企业生命力更旺盛？

（13）为什么一些国有企业的规章制度异常完善，却难逃破产的厄运？

（14）为什么内部分歧较多的企业反而生命力更旺盛？难道意见分歧更有利于企业发展吗？

（15）为什么欧美企业和日本企业薪酬制度中也会有"大锅饭"的成分？不是通常认为"大锅饭"的成分越少越好吗？

下面，作者将结合四点亲身体会，来回答以上这些疑问。

第一，笔者曾经担任过一家公司的总经理，在公司实施了系统、丰富、细致的考核制度，以利益机制刺激为纽带，极大调动了员工的积极性，但随之而来的弊端也十分严重。该公司的组织文化开始变坏，员工变得斤斤计较，一切向钱看的思想泛滥成灾。比如，一位车间主任来告状，说台风刮倒车间围墙，他购来了一车红砖补墙，砖头运到车间附近，叫员工出去搬砖。若在过去，则政令畅通，但考核制度强化后，人心变了，员工吵吵嚷嚷，这项搬砖的工作，在年初的工作任务描述中没有提及，并问主任，这项工作如何算钱？搬一块砖多少钱？如何计入考核？车间主任惊得目瞪口呆，感叹人心不古、江河日下。听完主任告状，笔者震动很大，方知利益机制单项突进不妥，赶紧强化员工思想工作。随着反对斤斤计较的思想教育工作的展开，其他组织文化建设也走上正轨，利益机制单项突进的弊端才得以消除。

第二，在中国人固有的观念里，企业员工稳定、主动跳槽的概率低是好事。不过笔者观察到一种相反的现象：许多快破产

第08讲 情绪管理也讲基本法？认识二元相对平衡哲学

的企业，人员流动率是偏低的，这种现象在国有企业居多。而许多人员流动率高的企业却高速发展，这种现象在民营企业居多。笔者的一位学生是有7亿元资产的民营企业家，产权百分之百在他们夫妻名下，企业是高科技企业，还承担着国家863项目。应该认定这家公司是很成功的。其公司人事上的特点是：总经理、部分副总、部分中层干部如走马灯式地高速流动，你来我往，眼花缭乱。总经理长则两年、短则半年便被辞退或主动请辞。企业却从白手起家做到越来越大。但另一方面，公司部分副总、中层干部多年从未换人。公司有三位副总，其中一位副总工程师已跟随他19年。中层干部也有部分人跟随他工作十几年。这两类人的人格特质截然相反。流动性人员的特质是开拓性强、创新性强、学历偏高，教授、博士不少，而且几乎全是从外部招聘而来；稳定性人员都是稳重有余、创新不足、学历偏低，而且多半是内部提拔。该董事长似乎对两类人格特质相反的人都有所偏爱。

实践证明，他的管理方法是正确的。因为从长期而言，企业管理是否好的最终标准是企业净资产能否增大。该企业从零到如此规模，当然证明他的管理方法总体是正确的。笔者曾专门与该学生讨论人事政策，原来他是这样操作的：流动性人员的作用主要是"把企业搞得更好"，稳定性人员的作用是"保证企业不坏"，所有管理环节都同时配两种人，如果正职是开拓型人员，副职就是稳定性人员，如果正职是稳定性人员，则副职就是开拓创新性人员。至于总经理位置是这样操作的：从外招聘而来的总经理大多是眼界宏阔、能力极强之人，但这类人的特点是成就欲望大,总想跳槽或自己当老板,干不了多久就跳槽,但每来一任总经理就会带来许多新观念、新方法,过去的弊端易于被发现,企业管理就会上一个台阶。另外有个销售副总已跟随他十几年,能力尚好,但不属于出类拔萃的人才之列。这位销售副总还有一项极其重要的功能是当"代总经理"。每当总经理辞职了,销售副总就当代总经理,新的总经理来了,销售副总退回本岗位。如此多次反复,所以公司从没因为换总经理造成重大波动。这样,总经理换了无数,企业却越来越大。在企业实践中,常遇到这样的矛盾:能力强的人忠诚度差,忠诚度高的人能力不强,而能力强、忠诚度又高的人可遇而不可求,不会大量遇到这类人充实各级干部位置。因为这实在需要太好太好的运气。另外大量使用忠诚度中等、能力中等的人效果最差。因为这既无法保持企业管理走在前列,又无法保持管理稳定,常是两头落空。

第三,谈到管理,多数人想到的便是严密的、大量的、系统的规章制度,似乎规章制度越多越好。这个观点在实践中被证明是错误的。规章制度一方面有规范运作、降低风险的作用,另一方面也有遏制创新、降低效率、促使组织官僚化的作用。另外从哲学上讲,组织的内、外环境处于永不停顿的变化当中,而规章制度是死的东西,因此从本质上看,规章制度过时是永恒的,只要规章一出台,过了一秒钟就过时了,只不过难以察觉;过了一小时,规章制度过时就多了些;过了一个月,可能就会观察到规章制度的过时;过了一年,过时就非常明显了。所以,过于"丰富"的规章制度就会充斥大量过时的内容。这些过时的规定由于无法操作又会降低

第08讲 情绪管理也讲基本法？认识二元相对平衡哲学

规章制度执行的严肃性,导致应该执行的规章制度得不到执行,影响组织运作。因此,管理中关于规章制度有两项任务:一是建设规章,二是消灭规章。笔者在担任总经理时,专门有一位员工负责清除规章制度,而且设有考核指标,该员工年考核工资=年考核工资基数×(消灭的规章制度÷年消灭规章定额)。当然有许多规章是修改,视修改程度不同折算成消灭规章的件数。他提出的消灭规章或修改规定的议案必须经过一定程序批准,而非由他一人决定。规章建设与消灭的关系犹如出生和死亡的关系。试想,若社会光有生育而无人去世将是多么可怕。只有生与死处于动态相对平衡时,组织才会正常运行。

第四,大多数人认为,多劳多得天经地义,"大锅饭"当然不好。为便于理解,这里先统一概念:多劳多得是指报酬完全与劳动贡献挂钩,大锅饭则指报酬不与劳动贡献挂钩。多劳多得一般表现为薪酬,大锅饭多表现为福利。多劳多得与大锅饭的特质是相反的,那么单纯实施多劳多得效果好吗?经过许多人的实践证明效果不好。虽然劳动效率前期会有所上升,但弊端也很大。实践表明,这会大大强化员工的"短工意识",员工与企业的关系成了百分之百的一手交钱一手交货的临时工关系或商品关系,组织文化变得毫无人情味,人与人之间的关系是"金灿灿、冷冰冰"的,人员凝聚力下降,流动增加,劳动效率后期反而下降。

而"大锅饭"的效果正好相反:组织文化富有人情味,凝聚力增强,人员流动减少。正确的方法是多劳多得与"大锅饭"并行。事实上,适度的"大锅饭"可以平衡多劳多得带来的弊端,满足员工对安全感和人情味的需要。

由此,我们可以得出一个重要的结论:管理的每一个重要环节都应该有两个性质相反的东西共存,这样的管理是比较稳定、协调发展的。这就是二元相对平衡哲学在实际管理中的运用。

哲学中的二元相对平衡

接下来,我们谈一谈在阴阳哲学中的二元相对平衡哲学。

强力的、动态的、向上的、亢奋的、开放的、积极的因素称为阳,柔弱的、静态的、向下的、平静的、收敛的、保守的因素称为阴。

《周易·系辞》中有很多阴阳关系,如天地、日月、暑寒、刚柔等,其余传统的阴阳关系还有进退、伸缩、贵贱、男女、君子小人、有无、实虚等。古人认为,万事万物分阴阳有必然性,是宇宙的本原本质。

> **阴阳哲学的定义:** 世间万事万物都由阴、阳两个元素构成,当阴、阳两个元素相对平衡时,事物就稳定、协调、健康地运行。

阴阳哲学的其他主要观点有:

(1)阴阳互存。阴、阳都以对方存在为自己存在得更好的前提,所谓"孤阴不生、孤阳不长"。

(2)阴阳可分,以至无穷。世界上任何事物都可分为阴、阳两类,而任何事物中的阴或阳又可进一步分为下一层次的阴、阳两个方面。

(3)阴阳转化。阴或阳到了极高的程度,就向反面转化或者解体,所谓物极必反。《素问·阴阳应象大论》曰:"重阳必阴,重阴必阳。"

第08讲 情绪管理也讲基本法？认识二元相对平衡哲学

当然古代这些说法有点不准确，因为有时不是反向转化而是解体。

中国阴阳哲学保存的主要阵地是中医。

哲学是事物变化发展的根本规律，可以用来指导一切，如管理、人生、医学……但中国传统文化经过历史动荡，精华、糟粕同时星散，唯有中医是保留中国传统文化的顽强阵地。中医治病就是阴阳哲学的实践运用。

中医认为，人体从生到死，处处都是阴阳两个方面。阴阳双方只有处于相对平衡状态，才能维持正常的生理活动。《内经》说的"阴平阳秘，其神乃至"就是这个意思。如果由于某种原因，阴阳相对平衡关系被破坏，就会因阴阳偏盛或偏衰而发生疾病。治疗的原则就是"谨察阴阳所在而调之，以平为期"，诊病时，要查明阴阳偏盛偏衰之所在；然后用药物、针灸、练功、饮食等法使阴阳达到新的平衡，比如，"热者寒之"，用黄连、柴胡，寒者热之，用附子、干姜等，虚者补之，用人参、当归等，实者泻之，用大黄、枳壳等，都是以阴阳相对平衡为指导的治疗方法。图8-1至图8-4以粗线代表阳，细线代表阴，以高度代表阴阳的强度：

图8-1 阴阳相对平衡，身体健康

在图8-2情形下，人会出现发热、面红、口干、便秘、尿黄、脉数等症状，俗称"上火"，可用清热药如黄芩、黄连、黄檗、马齿苋、金银花、知母、龙胆草、莲心、荷叶、苦瓜、绿豆等。

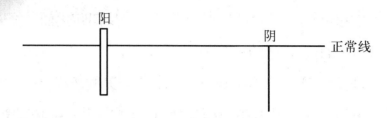

图 8-2　阳太盛，超出了正常线

在图 8-3 情形下的症状有低热、口干、盗汗、舌质红、脉数细，俗称"虚火"，与上述实火不同，不能用清热药，而用滋阴药，故中医之"火"分"实火"与"虚火"，用药方向不同，用北沙参、麦冬、石斛、枸杞子、女贞子、旱莲草、龟板。

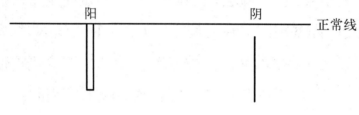

图 8-3　阳正常，阴不足

阳虚则寒，在图 8-4 情形下，可见怕冷、手足凉、面白、自汗、舌质淡、脉沉细等，应该吃"壮阳药"，用鹿茸、杜仲、肉苁蓉、菟丝子等。

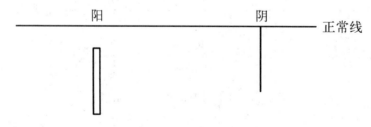

图 8-4　阳不足，阴正常

中医治病，以阴阳哲学为基础，所以中医大学学中医者，先学阴阳哲学。

企业管理中的二元相对平衡

我们联系企业管理方法,来具体谈一谈阴阳哲学理论的运用,见表8-1。

表8-1 企业管理中的阴阳

阳	阴
利益机制	思想工作(组织文化建设)
中式头脑风暴会	对抗性决策
放权	控制
开拓性人员(喜欢跳槽)	稳定性人员(喜欢稳定)
多劳多得	大锅饭(福利)
君子	小人
建设规章	消灭规章
生产系统	质控系统
奖	罚
销售部(进钱的)	市场部(花钱做宣传)
硬性计划	柔性计划
强制协调	自愿协调
事前控制	事后控制
上级能力	下级能力
给员工压力	给员工放松
公司所有者	工会

一个组织,一味依靠利益机制来调动人的积极性,就会培养出斤斤计较、本位主义、短期眼光等不良风气,严重阻碍组织目标的

实现，所以要靠组织文化建设即思想工作来平衡利益机制建设的弊端。由于利益机制是强烈的，思想工作是轻柔的，故前者为阳，后者为阴。关于中式头脑风暴会和对抗式决策，内容非常复杂，在本书后文会有详细的解释。

放权是一个组织发展壮大所必需的，但是没有监督的放权是可怕的，因为这会导致权力的滥用，所以必须通过控制系统的建设来平衡放权的弊端，控制系统越是有效，则放权程度可以越大。

在一个企业，开拓性人员和稳定性人员要并用，前者的作用在于把事情做好，但他们的弊端是跳槽倾向大，后者的作用在于防止事情做坏，保持开拓性人员不断跳槽情况下企业的稳定性和连续性。

一个企业当然要以多劳多得为主导思想，但是假定所有的工资都是多劳多得，则人员凝聚力会非常差，大家会有强烈的拿一分钱干一份活的思想，人员跳槽率会非常高。比如，销售人员没有固定工资，全靠业务提成过日子，那么人员流动率就会很高，而且很难指挥。福利是不与劳动贡献挂钩的收入，它的作用在于建设大家庭的组织文化，提高凝聚力，降低人员流动率，所以"大锅饭"与多劳多得都是必不可少的。

一个组织当然需要很多的谦谦君子，但是谦谦君子太多，组织就没有活力，适当地养些小人，可以激发组织活力，使组织处于一定的紧张状态。而且任何一个组织都有一些需要小人去干的事，这些工作是君子干不了的。

一个组织的规章制度必须处在建设规章与消灭规章的动态平衡中，规章制度太多就会产生许多无法执行的规章制度，形成突破规章制度反而有好处的舆论，而影响应该执行的规章制度的严肃

第08讲 情绪管理也讲基本法？认识二元相对平衡哲学

性,导致整个规章制度逐渐走向崩溃。

生产系统和质控系统是阴阳关系,前者为阳,后者是收敛的,故为阴。生产系统离开了质控系统就不能很好地运作,质控系统离开了生产系统就失去了存在的意义。

奖的作用在于鼓励好行为再现,罚的作用在于抑制坏行为再现,而好行为与坏行为的成长规律是:好行为不鼓励不会成长,坏行为不用鼓励会自动成长,这就是所谓的"学坏容易学好难"。所以,只有奖则好行为得到了鼓励,坏行为同时成长;只有罚则坏行为被压下去,而好行为不会成长。只有奖或只有罚都是不对的,应该奖罚并行。由于奖有升腾的作用,所以为阳;罚有收敛的作用,所以为阴。

销售部是卖产品的,它的直接表现形式是钱进了公司,市场部是做广告宣传企划的,它的直接表现形式是花钱,但是两者互相配合,会进更多的钱。

硬性计划与柔性计划要互相配合,效果才会更好。

强制协调与自愿协调要并行才能真正做好组织的协调。

事前控制是主要的、效果更大的,事后控制是辅助的,前者为阳,后者为阴。

上级能力对公司影响是巨大的,故为阳,下级能力是配合的,故为阴,光有上级能力,下面执行力差,是无法实现组织目标的;光有下级能力,上级能力很差,肯定也是不行的。两者配合,才能做好工作。

在管理中,对下级施加压力是不可避免的,但在不断给下级施压的同时,要注意给下级机会释放压力。笔者就经常采取给下级释放压力的措施,比如召开"给总经理提意见会",开会时强调每人必须提一条,即便是"瞎编"也要编一条。由于给了员工"瞎编"的理由,也就解脱了员工得罪领导的顾虑,这样他们的压力也得到了释放。当然,释放压力的办法还有很多,这里不一一列举。

所有者及代表所有者的管理层与工会也是一对阴阳关系。有的公司反对建立工会,这种观点是不对的。因为有了工会,员工的牢骚与不满就有了宣泄的渠道,员工的不满就可以通过工会逐渐释放,避免"大地震"。如果没有工会,就有可能导致所有者与员工沟通不畅,牢骚不满逐渐积累,最后如山洪般爆发,比如罢工之类的。

总之,在企业管理的重要环节都要做到有两个特性相反的东西共存,即要阴阳共存。

除此之外,管理中的阴阳可继续分,直至无穷,如图8-5所示。

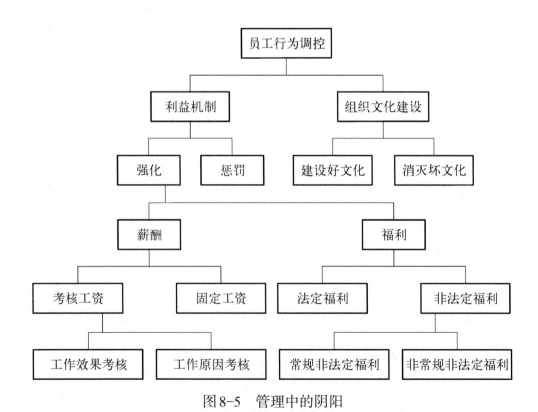

图8-5 管理中的阴阳
注:左为阳,右为阴。

第08讲 情绪管理也讲基本法？认识二元相对平衡哲学

为便于理解,需再做些解释。

人的行为无非受两个因素调控:一是利益,人都有趋利避害的特性;二是思想,只要思想认为应该这样做,即便是有害无利也会这样做。比如军队中的士兵,"军人以服从为天职"的观念深入士兵心灵深处,故一声令下,士兵即便是冒枪林弹雨也会向前冲锋。此事当然不会对士兵的生命安全有利,所以调控人的行为不能光靠利益机制或光靠思想工作(又称组织文化建设),应两相对进。光靠利益机制会导致员工欲望泛滥、斤斤计较、目光短浅。另外,利益机制是通过规章制度实现的,而规章制度是永远存在漏洞的,只要员工专心去钻漏洞,必然可以找到漏洞。关键是通过思想工作,使其不想钻漏洞。当然,光实施组织文化建设又稍显空洞,因此,组织文化建设必须伴随利益机制建设同时实施,方可平衡光实施利益机制刺激带来的弊端。其中,利益机制是强力、活跃的,为阳性因素;思想工作则是柔弱、收敛的,为阴性因素。

组织文化建设的重要性已被部分企业家所认识,但许多企业在进行组织文化建设后,发现企业工作氛围和风气虽有所改善,但仍旧很不理想。造成这种状况的原因很多,其中一个常见原因是只重视建设好思想,没有同时着力去消灭坏思想,结果,好思想因受到鼓励在增长,坏思想由于没受到打压仍有相当市场。比如笔者在企业担任领导时,建设的组织文化中,有一条是勇于负责。勇于负责的对立面有干部做"老好人"、互相扯皮,建设勇于负责的文化,当然会使勇于负责的气氛浓厚,干部做"老好人"、相互扯皮的现象有所减少,但更为完善的对策应该是同时直接打压干部做"老好人"、相互扯皮现象。笔者的惯例是在年初的时候对各位中层干部庄严宣告：到年底，要对所有干部进行员工满意度评价。凡是出现员工对其满意度太低的情况，说明该干部缺乏威信，视情况严重程度分别给予谈话劝诫、少发年终奖、撤职查办等惩罚；凡是员工对其满意度太高的干部，在笔者心目中将建立"老好人"的"光辉形象"，视情节严重程度同样给予谈话劝诫、少发年终奖、撤职查办等处罚。因为直接管理必然意味着"压迫"，不可能人人满意、皆大欢喜，所以直属员工满意度太高，只能说明他是在做"老好人"。当然，间接员工对领导满意度高是好事。比如，车间员工对总经理满意度极高说明该总经理领导有方。若车间员工对车间主任满意度极高，说明该车间主任没有原则，是"老好人"，车间太大、人数太多的例外。因此，在笔者管辖的组织中，中层干部都明白员工对其满意度既不可太高，又不可太低，"老好人"现象大为减少，这便说明组织文化建设须正反对进，其中，建设好文化是张扬开放因素，是阳性因素；消灭坏文化是内向收敛因素，是阴性因素。这就是在组织文化这个阴性因素下面分第二层阴阳。

　　福利按其内部的特性又可分为法定福利和非法定福利。法定福利即各类社会保险，非法定福利则包括中秋发月饼、过年发年货、年终聚餐等。法定福利为阳，非法定福利为阴。阴阳相对平衡共存，效果最佳。如若进一步划分阴阳，则非法定福利又可分为常规非法定福利和非常规非法定福利。前者为下一层面之阳，后者为下一层面之阴。常规非法定福利如前述中秋月饼、年终聚餐等，非常规非法定福利如恋爱津贴。笔者本人就在某年五一过节给员工发放过恋爱津贴。凡年轻谈恋爱的未婚员工均可申请恋爱小额

第08讲 情绪管理也讲基本法？认识二元相对平衡哲学

津贴，获津贴者无不喜笑颜开。为什么福利要如此复杂？一言蔽之，人的本性需求使然。人天生需要安全感、人情味。领导与企业存在的义务与责任就是满足人的需求。对外尽力满足客户需求，对内尽力满足员工需求。而人的需求绝非仅物质层面，精神层面的需求也是极其需要的。虽然满足这些需求可能会占用组织许多资源与精力，但领导需用宽广心胸去承担这些义务。

薪酬的下一层面又可分为阳性的考核工资和阴性的固定工资。考核工资根据绩效确定，固定工资则包括基本工资、工龄工资、职称工资、学历工资、岗位工资等与当前工作好坏没有明显关系的工资（当然不是从当期而是从长期的角度而言，固定工资也是与工作好坏有关的）。如果全部实现考核工资而无固定工资，最大的缺点是没有安全感，在人才市场上无法招到优秀的人才；而全部实施固定工资，弊端也显而易见——培养懒人。如果在考核工资中再分阴阳，则以工作效果或称工作贡献为指标的考核具有阳性特质，如销售提成、计件工资等；以影响形成工作效果的原因为考核指标的考核称为阴性因素。

一般而言，工作效果＝工作能力×工作态度。如果把工作原因再分阴阳，则工作能力为阳性因素，工作态度为阴性因素。如果有兴趣，可以无限分阴阳以至无穷。

当然阴阳无限可分的分法不是唯一的。因为阴阳划分的方法随目的而有所变动，也就是说，同一件事情目的不同，划分的阴阳也不同。划分的层次取决于需要多大程度地完善管理，划分的准确性决定于划分者的悟性和理解能力。

所以，这里要特别提醒，在实际管理中无须把所有层面的阴阳都加以平衡。按照中医的理念：病急则治标，病缓则治本，总体上标本兼治。因此，总的原则是：事急则先平衡影响面大的失衡的阴阳，事缓则先平衡影响面小的失衡的阴阳，故处理事务有轻重缓急之分，有时有些细小层面的阴阳失衡可置之不理。

重阴必阳，重阳必阴，寒极生热，热极生寒。也就是说，阳过盛可以转化为阴，阴过盛可以转化为阳，此为物极必反；另外，阴阳不平衡到了极端的程度，也可能阴阳解体，这一层次的阴阳共同体就消失了，这便是阴阳离决。

比如在中医中，人受寒而体温升高，称为阳证，37.2°以上算发烧，38°则阳证就更厉害了，39°、40°、41°……阳证越来越厉害，到后来体温反而会降下来，为什么呢？因为他丧失了生命体征，死了。这就是重阳必阴。而且阴阳不平衡太极端，导致阴阳离决，也就是说阴阳解体，所以人死了。

又如，寒风吹来，人脸色会发白，白色主阴，故此为阴证；寒风吹得越厉害，脸色白得越厉害；寒风越来越厉害，脸色反而红扑扑了，而且会变得很丰满，继而转为阳证，为什么呢？因为生冻疮了。

家庭生活也如此，本科生和大专生结婚，阴阳还算是相对平衡的。如果博士生和小学生结婚，感情高涨时可以维持，但长远来看，这种婚姻最可能有两种前途：一是小学生努力进修，变成了高中生或是大专生，此为重阴必阳；二是阴阳离决，也就是离婚。

在企业管理中，也存在重阴必阳、重阳必阴，或者阴阳极端不平衡导致阴阳解体的现象。打个比方，在企业中，如果建立规章制度太多，就会堆积大量过时而又不符合实际的规章制度，使得员工无法遵守，导致整个规章制度的严肃性下降，应该遵守的规章制度也得不到遵守,最终导致全体规章失效,以上谓之重阳必阴。

社会运作中的二元相对平衡

一个社会的正常运作同样依赖于阴阳两个要素的相对平衡与互存。假如阴阳两个方面缺了一项或者一方过于偏盛,则必然会出现这样或那样的问题。

表8-2 社会运作中的阴阳

阳	阴
刺激欲望(市场经济机制)	抑制欲望(宗教或思想教育)
民主权利	民主职能
接受外来思想	弘扬传统文化
法治	德治
特区	非特区
拉开收入差距	提升公民最低生活水平
阳性人才选拔制度	阴性人才选拔制度
市场经济	国家干预经济(计划经济)
地方首长对上型考核	地方首长对下型考核
民营经济	国有经济
城市	农村
招商引资	驱除劣资
西方政府负责人竞选获官	西方政府各部门论资排辈的公务员制度
增加个人选择	减少社会禁忌
生产法规	消灭过时法规

市场经济的特点是以利益机制为手段调动人的积极性，使每个人都力图通过满足他人的需求获取社会的认可。市场经济发展到一定程度，会刺激人的欲望，并促使欲望膨胀。若只是发展市场经济，必会物欲横流、社会秩序混乱。承认欲望合理性至极端，那么抢银行就合理了。故必以抑制物欲的体系与市场经济机制相配合，方可使社会正常、有序发展。欧美社会市场经济发达，但社会秩序尚好，宗教起了很大的作用，因为大多数宗教都是强调抑制人的欲望的。

欧美诸国，政府首脑与各部长要员通常是竞选获官，但各部长要员以下，却实行公务员制度——论资排辈逐步升迁。按照韦伯的观点，如若政府首脑、各部门官员是从官僚机构中逐步提拔升迁的，必选出八面玲珑、个性磨平的官僚，稳重有余而开拓不足。而竞选获官之人必开拓性强、创新能力强，但是若政府内部各部的所有职员均是一朝天子一朝臣，人员高速流动，那么政策连续性和政局的稳定性必然极差。故对这些人实行公务员制度，轻易不能开除，升迁主要是论资排辈、缓慢升迁，这样既保持了政府开拓性、创新性，又保持了政局的相对稳定性。

中国改革开放创造了世界性的经济奇迹，与俄罗斯导致社会大动荡的"休克"疗法不同，其特点是稳定，这是什么原因导致的呢？细察中国改革开放的历史，就是一部二元相对平衡的历史。当时领袖开创的特区为阳性因素，在特区实施几乎与非特区相反的机制。二元对进，终于使中国在相对稳定中持续发展。

当前，民主已被许多人奉为最终的价值源泉，是人的天赋权利。但很多人又观察到，在某些特定历史时期与社会环境下，实

第08讲 情绪管理也讲基本法？认识二元相对平衡哲学

施民主可能伴随着大混乱。怎么办？可用二元相对平衡的哲学观念去思考：民主既是权利又是职能。可以先实施职能民主主义，逐步实现民主的职能，最终也就实现了民主的权利。民主的职能有什么？最大的三项职能是提高决策的准确性、选择开拓性领袖、减少官员腐败。应逐步实现民主的各项职能，最终过渡到民主权利的完全实现，这样，既能走向民主，又能避免社会大动荡。

城市与农村也存在一个二元相对平衡的问题。城市与农村有差距是不可避免的客观存在，但是这个差距不能拉得太大，否则可能导致阴阳离决，形成社会动荡。

各个地方政府首长的考核也分成阴阳两个方面，一个是向上负责的考核，一个是对下负责的考核，两者要阴阳相对平衡。向上负责的考核内容一般是指经济增长率、财政收入增长率等，这种考核指标是促使各地政府首长对上负责的。对下负责的考核是指辖区民众满意度增长率（可以抽样调查形式获得数据），辖区民众失业率（这里的民众应包括当地没有户口的人，数据也可以抽样调查形式获得），辖区民众平均工资收入（这里的民众也应包括当地没有户口的人，数据同样可以抽样调查形式获得）。按照管理的通则，负责获取数据的部门应由中央政府垂直领导，如获取数据的部门受地方政府领导，会影响获取数据的客观性。如果各地首长的考核只有向上负责的考核方式，就会产生很多社会弊端，比如乱卖土地、大上形象工程、破坏环境、人为制造房产投机等；如果只实施对下负责考核，必然导致短期行为、目光短浅等。

市场营销中的二元相对平衡

在市场营销中,运用阴阳相对平衡的观点指导工作,可使市场营销工作更加系统、严密、有效,其中阴阳举例如表8-4所示。

表8-4 市场营销中的阴阳

阳	阴
显性意识营销	潜意识营销
销售部(卖产品进钱)	市场部(宣传花钱)
主打品牌(高价)	应付价格战第二品牌(低价)
扩大客户数量	裁减劣质客户
生产企业中间商销售(保持大的销售量)	生产企业直销(保持市场敏感性)
通用标件产品(价格不高)	特制非标件(价格高)
高开拓性销售员(开创新市场但易跳槽)	稳定性销售员(保持销售系统不垮台)
量化型业绩考核	原因类态度能力考核
财务性促销	形象性促销

为使读者对上述表格有更进一步的了解,先做一些解释,详细内容再另述。

所谓显性意识,就是个体自己知道的意识。显性意识营销,就是以满足客户自己知道的需求为核心进行的营销;所谓潜意识,就是个体自己不知道或难以察觉的意识。潜意识营销,就是以满足客户自己不知道或难以察觉的需求为核心进行的营销。比如,许多女性烤面包,其显性意识是为了把面包烤熟,通过潜意识分析发现,许多女性把烤面包的过程当作生孩子的过程,烤箱当成子宫,所以许多女性非常喜欢烤面包。为了满足女性的潜在需求,如果取烤箱的名字时能够和生育有关,就会使得烤箱的销量更大。又如,很多女性很喜欢吃话梅,但是肥美的话梅却不讨人喜欢,这是因为肥美的话梅有褶皱,在女性的潜意识里把它当作皱纹的体现,所以在做宣传的时候强调话梅有美容作用会使其更讨女性喜欢。发现潜意识需求的方法有黑灯座谈会、投射法、幼儿法、联想测试等。

就销售系统的组织结构而言,大多数企业应将销售部与市场部分立。销售部的职能是销售产品、回收账款、管理中间商,其主要特征概言之就是进钱。市场部的职能是广告、公共关系、营业推广、市场调查,目的是建立品牌、建立良好企业形象,其重要特征概言之就是花钱。实践证明,用钱特性相反的部门共存,只会使销售工作更容易做,销量更大。

假如民用品企业之间爆发价格战,大多数企业的常规思路是降价应战,但是用阴阳平衡的方法应战效果好的概率最大,即主打品牌不降价,推出第二品牌低价应战,对手降低多少,第二品牌随之降价。这样损失最小或利润最大。因为主打品牌一旦降价,就会损失高端客户而且很难价格反弹,故利润损失会很大。企业实践证明,二元相对平衡价格战不失为一种较好的思路。

财务性促销与形象性促销也存在二元相对平衡的问题。所谓财务性促销,就是以让利为特征的促销,如打折和有奖销售等;所谓形象性促销,就是以提升形象为目的的促销,如培训目标客户、发行内部刊物等。财务性促销的特点是见效快、见效期短、副作用大,会破坏品牌形象,降低品牌价值感;形象性促销的特点是见效期长、见效慢。如果纯粹搞财务性促销,则短期有效,长期有害;如果仅搞形象性促销,则见效太慢,企业财力可能跟不上;而最好的促销方式是财务性促销与形象性促销齐头并进,两者相对平衡。

个人生活中的二元相对平衡

在个人生活中,只有存在二元相对平衡,才会幸福,表8-6列出了影响人生幸福的主要二元相对平衡。

表8-6　个人生活中的二元相对平衡

利　　己	利　　他
天生欲望满足为主	人造欲望消除为主
工作中对错观高	生活中对错观低
获取金钱物质	抛弃金钱物质
投资性用钱	公益性用钱
建立新的人际关系	抛弃旧的人际关系
购物	抛弃无用之物
获取感情	清理感情
改变自己可改变的东西	接纳不可改变的东西

二元相对平衡论与矛盾论

接下来,我们需要辨析阴阳二元相对平衡论与矛盾论的区别与联系。阴阳二元论与矛盾论的共性之处有:

第08讲 情绪管理也讲基本法？认识二元相对平衡哲学

（1）两个理论都承认世界是二元构成的；

（2）这二元的特性是相反的；

（3）这二元既互相依存又互相斗争。

但是阴阳二元论与矛盾论仍然存在着以下巨大区别：

（1）阴阳二元论更强调阴阳二元的共存、和谐、统一、互补，认为二元和谐、统一、互补是事物的主要方面。在古代的太极图中，以白色代表阳，黑色代表阴，形状是太极鱼。白鱼和黑鱼是互相扭合在一起的，白鱼进入黑鱼肚，黑鱼进入白鱼肚，同时白鱼有黑眼睛，黑鱼有白眼睛，这个图形的象征含义就是强调你中有我、我中有你，双方的关系是和谐共存。而矛盾论更强调二元的斗争性、对立性，强调二元的对立斗争是事物存在的主要方面。

（2）阴阳二元论对二元的特性做出了明确规定：阳是强力的、动态的、向上的、亢奋的、开放的、积极的因素，阴是柔弱的、静态的、向下的、平静的、收敛的、保守的因素。而矛盾论对二元的特性没有做规定。由于阴阳论对事物二元的特性做出了描述，因此在指导实践时操作性就大大提高了。

（3）阴阳二元论强调二元相对平衡才是"好"的，不平衡是"不好"的。事物完善与发展，是不断依照事物发展的目的形成阴阳相对平衡，也就是说，事物发展与完善就是不断向"相对平衡"迈进，方法是不断地补缺或调整二元之间的关系。而矛盾论则认为"不平衡"是"好"的，因为"不平衡"导致事物的发展。

（4）阴阳二元论认为阴阳二元的构成是由该事物存在的目的或意义决定的，不同的管理目的有不同的二元。而矛盾论认为二元的演化由其内部原因决定，是客观规律的体现，与事物本身的目的与意义无关,世界是内因的展开。由于两者的认识不同,因此,对人的主体性的认识不同,是人本主义还是非人本主义,就会产生不同的看法。

二元相对平衡论与中庸之道

中庸之道是中国的传统文化之一,中庸指恰到好处,而不是指中间。人们常常把阴阳二元论与中庸之道混为一谈,实际上阴阳二元论与中庸之道是完全不同的。

中庸之道是在事物的一元上增强或减弱,寻找最恰当的点;而阴阳二元论是在阴、阳两个元素上增强或减弱,寻找最恰当的相对平衡。即阴阳二元论是从两个角度思考,中庸之道是从一个角度看问题。

为便于理解,现在举一个真实例子说明。

笔者的一位学生是某大型国有企业总经理,某一时期,其企业人员太多,需要裁员500人,不裁员就会拖垮整个企业。然而,之前裁员50人,曾闹得沸反盈天,经过4个多月才由于被裁人员陆续找到工作而平息。

其实,2003年的中国城市,经济发展飞速,很少有食不果腹之人,之所以闹事,主要是心理难以适应而非真正没饭吃,此次裁员500人,估计会掀起滔天巨浪。如何更加平稳地裁员,是个难题,该总经理创造性地用二元相对平衡思维指导裁员,一举渡过难关,裁员过程相当平稳。

倘若从中庸之道出发,则应思考:裁400人是否更好?裁300

第08讲 情绪管理也讲基本法？认识二元相对平衡哲学

人是否更好？直至……裁100人是否更好？等等。这个最佳点恐怕难以找到，而该总经理却如此操作：仍旧裁员500人，不过宣布其中100人半年后可以复岗工作，但并非裁员当时指定谁有复岗机会，而是以下岗期间的表现论，半年后100人复岗，再另外裁100人，不过宣布其中20人半年又有复岗机会，同样机会给予下岗期间表现好的员工……

以此类推，同时强化培训，尽力帮给下岗员工介绍社会上其他工作，这样下岗与上岗有机结合，阴阳二元相对平衡，永远希望在前，果然风平浪静、无人吵闹，因为一旦不配合，则复岗机会没了。其实，绝大部分人半年后都已找到工作，许多人还不愿意回来。笔者无意评价该总经理此种方案的道德水平，也并不完全赞成这种方法，但他对二元相对平衡论的理解是准确的。

只考虑裁人的多少，是一元思维；寻求最佳的裁人数量，则是中庸之道；同时考虑裁人与上岗就是二元思维；寻求裁人与上岗的相对平衡，即是二元相对平衡论。

第09讲　阴阳是封建迷信吗？理解二元相对平衡哲学

阴阳之分不是主次之分

有许多人会误认为阴阳之分就是主次之分，他们认为："阳为主，阴为次。"这是一个莫大的误解。阴阳在特性上是相反的，在地位上是平等的，谁都是不可缺少的，不存在主次问题。

如果存在着主次，那么保留主要的，去掉次要的，事物的基本特性仍旧保留，事物的本体仍旧存在，事物没有灭亡。然而阴阳之中只要缺掉任何一项，就是阴阳离决，事物就解体了，事物本身也灭亡了。

比如，婚姻由男女构成，一般而言，男为阳，女为阴（当然阴、阳是根据特性而不是性别而分的，有的婚姻中女性活跃、积极、开放、胆大，男性反而沉静、谨慎、内敛、小心，则女为阳、男为阴），这男女之分不存在谁主谁次的问题，谁都是不可缺少的。男女之分只存在着功能与特性的不同，只要缺少其中一个，婚姻就解体了，婚姻本身就不存在了。又如，上级为阳，下级为阴，只要缺少其中一个，组织就解体了。再如，天为阳、地为阴，这世界中天、地都是不能缺少的，不存在主次问题。

所以，既不要把阴阳简单地理解为主要矛盾与次要矛盾，也不要把阴阳简单地理解为矛盾的主要方面与次要方面。

阴阳二元论不是封建迷信

阴阳二元相对平衡理论与迷信是没有关系的，很多人谈到阴阳论，就想到了算命，这是一种莫大的误解！

阴阳二元论是一种哲学，是对宇宙运行本质规律的一种看法。阴阳二元论与迷信是没有关系的，它不能用于指导算命、预测未来、判断吉凶。古人的迷信活动披上阴阳哲学的外衣主要是为了提升迷信的说服力。这并不能说明阴阳二元哲学等同于迷信。

这就比如现在有许多人为了证明算命的"科学性"和"现代性"，运用电脑进行算命，使算命似乎显得更准确了。但我们不能由此推断用电脑就是迷信活动。同样道理，占卦披上了阴阳论的外衣，不能说阴阳论等于占卦。另外，本书所指的阴阳论与风水没有任何关系，作者既不懂风水，也不对风水做任何评论。

在此建议各位读者去读任何一本中医基础理论书，其第一章必然是中国传统的哲学思想——阴阳相对平衡哲学。

阴阳二元论是相对平衡而不是绝对平衡

常有一种错误，把阴阳理解成"阴阳绝对平衡"或"阴阳两个元素力量相等"，这种理解是错误的。

笔者先解释为什么要阴、阳两个元素共存。一般而言，为达到管理目的,都会发现采取某种措施是有效果的。但随着这种措施力度的增强,效果也越来越大,副作用也越来越大。这种副作用常常干扰或阻碍了管理目的的实现。减少副作用的措施有两种:一是减弱该措施的力度,但在副作用减少的同时,正面作用也在减少,这种方法就是中庸之道;二是寻找特性相反的措施,来抵消前一种措施的副作用,这就是二元相对平衡。

再来解释相对平衡中"相对"二字的含义。相对平衡当然是绝对平衡的反面,那么"相对"到何种程度才算"相对平衡"呢?这是许多人难以理解之处。一言以蔽之,相对到基本上可以抵消对立面的副作用就可以了。

亲爱的读者千万要注意:这里的相对平衡不是指力量完全相等,而是指一方力量的强度正好可以弥补对方的副作用,这是绝对不能搞错的概念。

相对平衡才是"好"的状态

为什么二元要相对平衡才是好的?这需从两个方面来回答。

第一个方面,可以用归纳的方法来回答。我们已经举了许多例子,可以发现不平衡是不好的。

第二个方面,可以用归谬法来证明。"好"是一个相对的概念,如果二元相对平衡比二元相对不平衡更糟,换言之,二元相对不平衡比二元相对平衡更好,势必可以推导出这样的结论:越不平衡越好,而不平衡的极端就是一方极端得"大",接近于无限,另一方极端的"小",接近于"无",那这个世界就是最"好"的了。但众所周知，这种状态是不好的。这种状态用两个字来描绘就是"崩溃"，又称为"阴阳决离"，中医里的"阴阳决离"就是指"死了"。

管理调整的正确操作，切忌治标不治本

对各类组织先进行诊断，然后开方、治疗（调整），其原则和中医一样，就是"事急治标、事缓治本、总体标本兼治"。

所谓治标，即应付急事，常常是些具体的问题，主要是调整一些层次较低的阴阳失衡。比如员工积极性不高、怨声载道，可以先从给予福利入手，可以很快见效。

所谓治本，就需要从根本进行调整，主要是调整一些层次较高的阴阳失衡。比如员工积极性不高，先给予福利仅是治标，应查明主要的阴阳是否失衡、利益机制与文化建设是否失衡、决策机制是否出了问题，然后给予调整。

选择治标还是治本与组织问题的紧急状态有关。怨言极大，可先给予福利遏制一下怨言，但形成问题的原因没法彻底解决，只能等情况稍稍平静，再调整高层阴阳。之所以说"事急治标，事缓治本"，是因为治标见效快、治本见效慢。比如，组织文化建设没有三月半载之功，不会见效，而给予福利，立刻可让员工喜笑颜开。

治标与治本并不是绝对矛盾的，治标的同时也可以治本，治本的同时也可以治标。一般而言，组织管理出了问题，先以治标的手段应付一些急务，然后用标本兼治的原则进行管理调整。在管理

调整中,最常见的错误之一是:只是治标而忘了治本。

阴阳不可互相代替

阴阳之间的关系是你中有我、我中有你,即阴中有阳、阳中有阴。

中国的阴阳太极图很形象地说明了这个问题,在太极图中,白鱼当中有黑眼睛,黑鱼当中有白眼睛,而且白鱼头伸入黑鱼腹,黑鱼头伸入白鱼腹,所以中医当中"有阴中求阳,阳中求阴"的说法。可是,阴阳的关系虽是你中有、我中有你,但其规定性毕竟不同,不可以阴代阳或以阳代阴。

阴阳随管理目的而分

在管理中的阴阳划分是随目的而分,也随目的而转化。同一事物,在此目的中为阳,如果管理目的相反,它可能转化为阴。有人进而要问,那目的如何定?目的由上一层次目的而定,又有人问,管理的终极目的如何产生?这是另一个哲学问题,笔者准备在另外一本书中回答这个极其复杂、本质的问题。当然这也是一个很有意义的理论问题。

阴阳必须同层次、同范畴

阴阳在同一层次可成立,阴阳是就同一范畴而言的。

例如,白天为阳,晚上为阴。同是白天,上午为阳,下午则为阴，但上午和晚上不能随意确立阴阳关系。又如，在社会管理中，以西方社会为例，提升欲望为阳（如市场经济），收缩欲望为阴（如宗教），欲达和谐社会的目的，必须让提升欲望与收缩欲望处于相对平衡状态，这两者为阴阳关系。但是不同范畴的内容不能构成阴阳关系，白天与宗教就不是阴阳关系，它们处于不同的范畴。

某事物在某一层次为阳或阴，在另一层次可能相反，如水与火，水为阴，火为阳，而水与冰，则冰为阴中之阴，水又为阴中之阳。因此阴阳具有灵活性，不是一成不变的。另外，不同层次的阴阳不能凑成一对来分析，就像火与冰，貌似是阴阳关系，实际上它们隔了一个层次，不是阴阳关系。

又如人的行为调控，利益机制建设为阳，组织文化建设或思想工作为阴，而组织文化建设又可分为下一层次的阴阳，建设好文化为阳，消灭坏文化为阴，但是不能把利益机制建设和消灭坏文化凑成一对阴阳，如硬把它们凑成一对，会推理出一些错误的管理措施，因为它们是不同层次的问题。

讨论阴阳的问题，必须在同一范畴、同一层次上讨论，在不同的层次、不同的范畴讨论阴阳是没有意义的。初学二元相对平衡管理理论的人常会犯一种错误，就是把不同层次、不同范畴的东西列为一对阴阳，进而分析出似是而非的结论，对于初学者而言，如何划分阴阳是有一定难度的。

学习二元相对平衡管理哲学的意义何在

第一，加深对复杂管理现象的理解，透过事物的现象看到事物的本质。不但能知其然，而且更能知其所以然。学习了二元相对平衡管理理论以后，初学者常有一种感觉，纷繁复杂的现象看起来豁然开朗了，事物变得简单了，这是因为透过事物的现象看到了问题的本质。

第二，使管理系统化，加深学习者的系统观念，避免在管理中头痛医头、脚痛医脚。阴阳论是从整体上看问题，强调整体管理，这就如中医与西医的区别：中医强调整体施治，西医则从局部着手。

第三，容易发现管理中的实际问题所在，发现二元中的缺口。这项理论在管理诊断中有较高的实用性。在实际管理诊断中，有一种简单的方法，拿着阴阳平衡表逐项询问被诊断组织的负责人两个问题：这一对阴阳关系具备了么？它们互相之间的强弱相对平衡了么？如果阴阳有缺口则在管理中补齐，如果阴阳相对不平衡则在管理中调整其强弱，这样就很容易发现问题并提出措施。

第四，启发思维，激发创新。阴阳平衡会促使人们考虑问题二元化、多层次化、逆反化，常常可以思索出新的解决问题的方法。

阴阳论的发展历程是怎样的

阴阳论是一种宇宙观，产生于公元前8世纪初，是古代先贤试图以自然力量解释我们的世界，它代表了一种科学探索的倾向，总是和事实打交道，就这一点来说，对现在的世界也是很有现实意义的。

第09讲 阴阳是封建迷信吗？理解二元相对平衡哲学

阴阳的著作有《易传》和《易传注释》，以及《洪范》和《月令》，阴阳论著名的学者有邹衍，他提出了"五德相始说"。后来阴阳论和儒家合而为一，其代表人物是董仲舒。在董仲舒看来，一年四季的变化是阴阳二气运行的结果，他在《阴阳义》中写道，"天亦有喜怒之气，哀乐之心，与人相副。以类合之，天人一也"，这就是天人合一的起源。这种天人合一学说严重约束了古代皇帝的行为，并且对中医的治疗，尤其是针灸产生了重大影响。

公元1017年到1073年，出现了一位著名的将阴阳论与儒家结合的人物周敦颐，写了一本书叫《太极图说》，他写道："无极生太极，太极动而生阳，动极而静，静而生阴。静极复动。一动一静，互为其根；分阴分阳，两仪立焉"，"阳变阴合，而生水、火、木、金、土；五气顺布，四时生焉"，"五行，一阴阳也；阴阳，一太极也。太极，本无极也。五行之生也，各一其性"，"无极之真，二五之精，妙合而凝。'乾道成男，坤道成女。'二气交感，化生万物。万物生生而变化无穷焉"。同期还有一个叫邵雍的人，也从《易经》发展出了宇宙论，并用图解说明他的原理。

另外一位儒家和阴阳论合二为一的大学者张载，特别强调"气"这个概念，这个"气"的观念在后来更新了的儒家的宇宙论和形而上学思想中，越来越居于重要的地位。他的主要著作是《正蒙》。《正蒙》中的《西铭》特别著名。后来还有些学者对阴阳论又有一些新的发展，同时也衍生出一些糟粕，如风水、算命等迷信活动。新文化运动之后，阴阳论一度被误认为是封建迷信。幸亏中国还有一大帮老中医，顽强坚守中国传统文化，才把这一线学问勉强地保留下来。

二元相对平衡的社会就是我们追求的和谐社会

人们追求和谐社会与和谐管理，但可能并不清楚达到和谐社会与和谐管理的方法，实际上，和谐社会与和谐管理的本质就是二元相对平衡。在向二元相对平衡迈进的过程，就是不断建设和谐组织的过程。社会的阴阳二元相对平衡了，社会就和谐了。

对于和谐社会，人们有两种主要的误区。

一是认为稳定社会就是和谐社会。实际上，稳定社会可能并不和谐，因为用强力把问题掩盖住，或用技巧把问题后延，也可能导致稳定，因此这样的社会仍旧是不和谐的，问题是迟早要爆发的。

二是认为大同社会就是和谐社会。这里的大同是指大家一样的意思。但大同社会是极不和谐的社会。比如，在完全施行计划经济的年代，实施平均主义的"大锅饭"政策，大家的收入确实是差不多，但是国民经济一度停滞，大家缺吃少穿，这谈不上是和谐社会。再举个极端的例子，假定这个社会人种也大同了，只有男人或只有女人，即没有阴阳之分了，恐怕这个社会也不和谐了。

只有社会的阴阳全面平衡了，和谐社会才会有希望。

世界为什么是"二元"的

世界是二元的，这是大量事实观察的结果。中国人对世界是

"二元"的这个观念是普遍接受的,这是因为矛盾论宣传的结果。阴阳论和矛盾论都承认世界是二元的,如需看这方面的详细论述,可以任意找一本唯物辩证法书来研究。

本书的阴阳论与中国古代的阴阳论的异同是什么

比较本书的阴阳论与中国古代的阴阳论是长篇哲学大作,而本书的着重点在管理,所以在这里只能告诉读者两者既有相同之处又有不同之处。其中最大的不同是,以前无人运用阴阳论来重新系统构建管理学的决策、人事、领导、协调、控制等基础理论,也无人用它来系统分析社会管理。

最后,我们总结本讲的12个主要知识点:

(1)宇宙间万事万物分阴阳,阴阳同层次同范畴。

(2)阴阳相对平衡,事物就健康地运行发展。

(3)阴阳互根互存。

(4)阴阳可分,以至无穷。

(5)阴阳至极而换,重阴必阳,重阳必阴。

(6)诸对阴阳中有主次之分。

(7)管理整顿的原则是:事急治标,事缓治本,总体是标本兼治。

(8)管理中阴阳是随目的而分,同一事物目的相反,阴阳不同。

(9)阴阳相对平衡主"和",矛盾论主"斗",两者主要的共性是承认世界是二元的。

(10)阴阳论是二元思维,中庸之道是一元思维。

（11）用阴阳二元相对平衡的哲学指导社会管理,就是建设和谐社会。

（12）用阴阳二元相对平衡的哲学指导组织管理,就是建设和谐组织。

思考题

把世界看得太简单,是幼稚;把世界看得太复杂,是世故;把世界由简单看复杂,再由复杂看简单,便是"大宗师"。如果你正在遭遇一件棘手的事,那么不妨想一想,如何用二元相对平衡哲学来分析它?

第10讲 强扭的瓜不甜？人本主义哲学教你与人相处之道

人本主义哲学是笔者学术体系的价值观,是判断事物对错、善恶、好坏、进步落后的根本标准。当然,人本主义的流派有几十种说法,本书所讲的人本主义特指笔者所推崇的人本主义,假如读者已经有某种人本主义概念,这里的人本主义可能和你的认知是局部相同的,也可能是不同的,本书的人本主义主要有两个要点:

（1）人是万物的尺度；

（2）人是万物中最完美的存在。

如何理解"人是万物的尺度"

具体地讲,有以下内容：

衡量社会是否进步的根本标志,是社会是否更高程度满足了人的需求,相信人是最完美的存在,反对除人的需求之外的一切外在进步的标准。

在笔者学术体系下的经济学中,商品的价值被定义为满足人的需求能力的总和,货币被定义为需求满足索取权。企业设计、生产产品的根本指导思想是彻底以需求为导向的。

领导心理学强调的是满足个人的需求以调动员工积极性,员工的需求变了,领导的方法随之而变。在用人选择和方法上,要以寻找热爱这个岗位工作的人选为主,以改造对方为次。

在笔者学术体系下的婚姻心理学中,坚决反对用爱情去改造对方的基本面,强调寻找各自合适的人而不是在婚姻生活中去改造对方。家庭亲友之道在于"我"有责任让亲友开心,发挥各自的相对优势,而不是以改造老公、老婆、爸爸、妈妈、孩子的缺点为主(改造可以,但为辅)。

在亲子教育心理学中,强调根据孩子的天赋本性去培养成才,强调满足孩子的天然兴趣(不是后天形成的人造兴趣),反对根据家长的主观愿望或外在社会暗示去塑造孩子。子女教育以发挥其内在相对优势至极致为主,而不是以改造缺点为主(改造可以,但为辅)。

在个人身心健康方面,强调满足天然欲望,消除人造欲望。

在身心疾病的疗愈方面,相信人是万物中最完美的存在,相信人的自愈系统,主要办法是激活人的自愈系统。

当然,上述的文字是抽象的,难以理解的,但它贯穿于作者的几十门课中,需通过逐门课程的学习才可以对上面内容有深刻的理解。

> **思考题**
>
> 契诃夫说,人的一切都应该是美丽的。想一想自己在生活与工作之中,在与家人、恋人、朋友、同事的相处之中,有没有因为试图改造对方的缺点而造成彼此的不愉快?

第二篇　生活中的认知陷阱

导读

　　本篇剖析了导致负面情绪的意识层面与潜意识层面的具体的认知错误，建议读者要多读、细读、深读，边学习边对照自己，修正自己的认知错误。另外，改正自己的错误，加深自己的理解，有效的方法之一是在深入理解的基础上，多与他人交流本书内容，这对自己的情绪改善是很有好处的。

第11讲　对错程度二元论：生活中哪有那么多对错

凡事都要辩个对错吗

芸芸众生，烦恼丛生，苦人众多，其中有一个大麻烦，就是纠结于对错，即认为凡事都有对错，凡事有个理，还自以为自己是一个讲道理的人。

于是无数夫妻为了"热水瓶放在哪里"吵得天翻地覆，为了"家里装潢，墙上刷什么颜色"争得面红耳赤，为了"今天吃什么饭"闹得不可开交，为了"毛巾怎么挂"弄得口干舌燥，为了"哪种衣服好看"辩得彻夜难眠、痛苦不堪、心力交瘁。

问题是，凡事真的都有个道理吗？

如果就"墙上刷什么颜色"这个问题让全世界人投票，你会发现根本不存在约定俗成的对错标准！

如果就"热水瓶放到哪里"这个问题让全世界人投票，你会发现也根本不存在约定俗成的对错标准！

生活中绝大多数事就根本不存在道理，大多数事情无所谓对，也无所谓错，要本着"东也对，西也对，南也对，北也对，生活中基本上都是对"这样一种态度生活，谁先做谁就对，不装潢的少干预装潢一方的对错，不烧开水的少干预热水瓶放的位置……这样生活才能和谐、幸福、快乐！

从事心理学专业的人都知道：人们无论做好事还是做坏事，都喜欢给自己套上一个道德的、高尚的帽子。生活中特别喜欢讲对错的人，常常自封为讲道理的人，或者是认真的人，或者是有原则的人，实际上，这种人去做心理测量，绝大多数都是自私人格。所谓特别喜欢讲道理，其实就是把自己个性化的喜好当作世界的真理标准，并强迫自己的亲人遵守，以满足自己的喜好，实质是以自己的喜好代替别人的喜好，其本质是一种自私。

家庭中只要有一个人是这种特别喜欢凡事讲道理的人，就会举家不宁，所有人都痛苦不堪，因为他不是一个人讲道理，是要大家陪着他一起讲道理。当然，他讲道理的对象，主要是他感到关系亲密的人，对外人是不能推广这种道理的，因为他对外人没有安全感，别人不会理睬他。而他感到安全的人，多半都是爱他的人，或者对他很好的人，所以，凡事都喜欢讲道理的人，本质上是谁爱他、谁对他好，他就让谁难受，这是一种非常自私的行为。

在生活中"对与错"要以看开、看空为主，讲究对错为辅，在生活中只存在着大是大非，不存在着小是小非，小事情没有约定俗成的对错标准。比方说，是否要孝养父母，是否要学习，是否不能触犯刑法……这是可以讲对错的，但生活中大部分事不能讲对错！

工作中正好相反，大部分要讲对错，少部分要模糊。芸芸众生中的苦人儿，多持偏激思想，凡事非得争个明明白白，越讲对错苦恼越多。其实如果读书多了，经历多了，世界走多了，你就会发现

第11讲 对错程度二元论：生活中哪有那么多对错

即便是大是大非，也是经常变动的。

几乎没有万古不变的常纲

四十几年前，男女出轨，是有可能被判刑的，即使不判刑，被工作单位开批斗会是很常见的，开除公职也很常见的。如果按照这个标准来处理男女关系，2019年恐怕监狱会装不下人。

三十几年前，人们谈到结婚恋爱，绝对是指男女结婚恋爱，这是大是大非问题。自从张国荣从楼上奋力一跃，引起了全国人民的注意，大家才知道原来男的跟男的也可以谈恋爱，女的跟女的也可以谈恋爱。现在世界上已经有37个国家允许同性恋结婚，中国心理学界在21世纪初期也已经承认同性恋犹如左撇子，是一种正常的恋爱形式，这个大是大非的问题也逐渐在改变了。

二十几年前，打结婚证和结婚是件很严肃的事情，但是2018年上海市"80后"5年内离婚率已经达到了36%，全国"80后"5年内离婚率已经达到了29%。有几个数学教授用数据模型预测"80后"30年内的离婚率，最保守的估计是70%，当然，这件事最好不要被证实。

我有一位研究生，狂追一位女生，女生反应冷淡。这位研究生竟然花200元到外面做了一个假的结婚证，把他和女生的照片印在里头，然后找到这位女生对她说："你知道吗？我导师很神通广大的！"

女生答："我知道的啊！"

男研究生说："我已经通过我老师的关系，把我们的结婚证打出来了！"

女生大吃一惊，竟然上了当，随后三天，到处去打听如何办理离婚手续。

过了三天，这个女生终于回过神来了，觉得应该找我来处理这件事，于是找到我，把这件事情来龙去脉告诉了我。

我也大吃一惊，立刻把这个学生找来，骂得他狗血喷头！这位女生在旁立刻产生了内疚感，在旁边劝道："鞠教授，别生气，别生气，他也是出于真心！"这对男女现在已经结了婚，生了两个孩子！

有一对青年男女打了结婚证，第二天就办结婚喜事，来了许多宾客，热闹非凡。新娘穿着婚纱款款而出，新郎不小心踩着新娘的婚纱，新娘一个趔趄倒地。新娘是个厉害的角色，站起来后，在光天化日之下、众目睽睽之中，给老公一个耳光，老公也不是省油的灯，立刻奋起神威，一个扫堂腿，就把老婆扫倒了！

离婚！立刻离婚！马上就办了离婚手续！

一对男女青年，去打结婚证，办理结婚证的阿姨看到男青年面色迟疑，不太放心，就叮嘱道："想清楚了吗？我可是要盖章了！"

男青年回答道："盖吧！"

"砰"，大红章子盖到结婚证上。

男青年拿着结婚证在那里发呆，呆了11分钟，温柔地对办证阿姨说道："阿姨，我可以把证还给你吗？"

阿姨说："这还带还的？"

男青年说："就一会儿嘛，干吗这么较真？"

于是两人吵起来，最终阿姨给他指了一条明路，说这里是结婚

第11讲 对错程度二元论：生活中哪有那么多对错

处，要办离婚到隔壁离婚处去；但离婚处从来没办过这个事，推脱说法律规定，至少要24小时以后才可以办理协议离婚手续。

笔者还听到有的同学轻声吟唱："结婚的目的是什么呀？结婚的目的是什么呀？""结婚的目的就是——离婚！"

还有法律系的学生，上街提供免费法律公益咨询，有路人咨询道："同学，离婚要什么条件？"

学生问："你结婚了吗？"

路人答："我结婚了。"

学生说："你已经具备了离婚的条件！"

作者还发现："80后"离婚者得抑郁症的比例反而比他们父母低！

很多老人无法接受儿女离婚，他们常有这样的观念：为儿女办婚事是他们人生的最后一件大事。于是他们倾注了全部的感情与百分之百的财力，忙得天昏地转，结果儿女离婚了，他们受不了！

怎么办呢？劝告现在的父母：你们可以认真地为儿女办婚事，但不要倾注全部的感情，你们要做好子女会离婚的心理准备。怀着这样的崭新理念，降低关于对错的执念，更能应对这个变化的世界！

10年前，在复旦大学、上海交通大学、上海财经大学、武汉大学等一线高校，学生是以勤奋为荣的，至少没有公开声称以懒为荣的，这绝对是个大是大非的问题，但现在，情况已经大不同了，某高校的学生在学校网站上公然刷大标语：

"我们就是懒！不要和我们比懒！因为我们懒得跟你比！"

三年前，女婿上门拜访岳父大人，如果知道岳父大人喜欢喝茶,肯定是送西湖龙井、碧螺春、黄山毛峰、大红袍之类的好茶。笔者有一个同学是会计学教授,他女儿带男朋友上门,这位男朋友知道未来的岳父大人喜欢喝茶,热心地、亲切地、恭敬地送上了许多统一冰红茶!

笔者劝说这位同学:"看问题不要那么僵化,有什么好气的!会计工作做久了,你要求太高了,拿个茶壶,弄一小嘬茶叶,倒开水泡着,是我们老头干的事!你女儿男朋友这一辈是喝瓶装茶长大的,送统一冰红茶很正常啊!对'90后'要看得惯,没有什么对不对!对也好不对也好,他们的价值观一定会成为主流价值观,这是不可阻挡的,是历史规律!老了,要多提醒自己观点要柔化,观点要变动,对年轻人要看得惯。我们年轻时,老一辈不也看不惯我们吗?难道我们就错了吗?好了好了,别气了!"

一年前,年轻人写的情诗都是比较唯美的,现在比较流行的情诗是这种风格:

> 如果我可以变化,
> 我愿意变成一只小狗的尾巴,
> 终生地在你面前摇个不停!

我们上面举了那么多例子,可见万古不变的常纲、天经地义的准则是很少的,大多数是非标准的,都是容易变更的,相当部分苦人儿或者有心理问题的人,经常掉到是非观念太重的坑里,顽固地认为:某些事情就必须这么干!没有这么干,就"气死我了"!

第11讲 对错程度二元论：生活中哪有那么多对错

哪些人容易是非观过强

那么什么人容易是非观过强呢？

首先，父母的是非观容易过强。孩子同性别模仿率大约是70%左右，所谓"同性别模仿"，就是女孩在潜意识中不知不觉拷贝了母亲的观念，男孩在潜意识中不知不觉拷贝了父亲的观念，当然不是绝对。

其次，从事会计、审计、质量检验、纪检、法律等领域工作、教学和研究的人，是非观容易过强，当然也有少部分例外。笔者有个女学生，在大型外资企业做审计高管，长期找不到男朋友，因为她是非观太强了，生活中清规戒律太多，男人受不了，和她一起生活非常压抑。她的生活流程安排可以长达3个月，比如3个月后的某月某日，晚上18：00至18：45到某某店吃牛排，18：46至19：15步行至某某大剧院看戏，她全都安排好了，她男朋友向笔者抱怨：到了18：45，哪怕男朋友正在大嚼牛排，香着呢！这个女同学会往男朋友拿筷子的手上一拍，亲切地说："亲爱的，到点了，快点放下，走！看戏去！"而且不管这个戏是否好看，安排了，哪怕到剧院睡一觉也是一定要去的。各位读者，你们思考一下，是非观这么强，生活能幸福吗？

另外，学习理工科出身并从事科研工作的人，是非观强的比例也较高，但比上一类人略低一点，当然这是笔者的经验，不是精确的数据。

那么从事侦查工作的人，是非观强不强呢？我发现从事侦查工作的人，是非观强的人反而不多，大概他们直接接触大量的坏人坏事，所以观点柔化程度提高了。有些公安人员被派往黑社会团伙潜伏侦查，时间久了，一些潜伏人员竟然对黑社会行为理解程度提高了，走向了另外一个极端——缺乏是非观念，这也会产生许多问题，任务结束后，反而要进行心理干预，强化他的是非对错观念。

是非观与幸福感的关系

生活中是非观太弱也是我们所反对的，生活中照样会活得痛苦不堪，严重与社会环境不适应。生活中对是非观太弱的人主要在哪里呢？主要在监狱里！

幸福感和对错观的关系是抛物线关系，如下图所示。

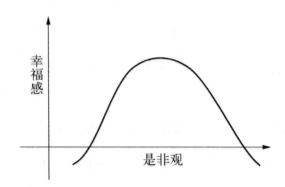

是非观还存在于如何对待他人和如何对待自己的问题上。

对他人是非对错要求高，对自己要求低，会让周边亲友非常痛苦，人际关系质量差，社会支持系统力量弱，个体自己也很痛苦，人们常说他们样样看不惯、较真、心眼小、钻牛角尖、心胸狭窄、一根筋、倔驴、为人刻薄。这些民间用词都是定义模糊的，各地说法不

第11讲 对错程度二元论：生活中哪有那么多对错

同。这类人很容易产生各类身心疾病。

仅仅对自己的是非对错要求高，也是很痛苦的，人们常说他们是完美主义、强迫症、好人、特别认真、敬业精神高，极端的叫圣人。这类人也很容易产生各类身心疾病。

还有一类人，对他人的是非对错要求很高，对自己的是非对错要求也很严格。他们也可以用上述所有的词来形容，也特别容易产生各类身心疾病。

让我们最后复习一下：如何成为一个幸福的人呢？

在工作中以讲究对错为主，无对错为辅；

在生活中以不讲对错为主，有对错为辅。

也就是说，在生活中"对与错"的问题，要以看淡、看空为主，判断对错为次，在生活中只存在着大是大非，不存在着小是小非，小事情没有约定俗成的对错标准。要本着东也对、西也对、南也对、北也对，基本上都对，谁先做谁就对的原则生活。

> **思考题**
>
> 回忆一下，自己在生活中是否有过纠结于对错，而耽误了事情进展，最后心生痛苦的情况？

第12讲 视角大小论：你的眼界决定了你的幸福感

视角越大，痛苦越小

在心理学研究中，有学者曾经发现一个规律：个体视角的大小严重影响人的情绪，视角越大，所遇事情在个体眼里越小；个体视角越小，所遇事情在个体眼里越大。同样一个挫折，在视角大的人心目中是一件小事，在视角小的人心目中却被无限放大成一件大事。

所以，农村未外出打工的低文化程度家庭妇女自杀率偏高，由于她们文化程度低，所知的事情少，容易少见多怪，情绪负面，如果又不外出，见识就更窄了，甚至村里面家长里短的议论，都能占据她的整个世界，一听到负面的议论，就有自杀的可能。

反观各一流高校的哲学系的老师，长寿的人就比较多，为什么呢？因为哲学系的老师思考的问题，都是胸怀全球、眼望世界的，谁背后说他坏话、年终奖少发了，实在是一件太小的事，是不值得生气的，而情绪跟身体健康又有密切的关系，故而哲学系的老师长寿。当然，哲学系也有例外的。

我们想想，为什么孔夫子周游列国许多年，却不觉得辛苦？

第12讲　视角大小论：你的眼界决定了你的幸福感

孔夫子是以拯救人类为己任的,他的视角是上下几千年、纵横几万里的,寻常的磨难在他眼里肯定是件小事。试想在远古时代,既没有飞机、动车,也没有五星级宾馆,孔夫子能够长期周游列国,主观感觉肯定不是苦的。如果孔夫子的主观感觉是很苦,他一定坚持不了周游列国那么久。有的读者可能觉得上面说法不对,那是你主观感觉的投射,即以己度人,你是以凡人的心在揣摩圣人的心,是不准确的。

个体的视角变大了,还会发生一个神奇的现象:大痛苦会变成中痛苦,中痛苦会变成小痛苦,小痛苦会变成没痛苦,没痛苦会变成小开心,小开心会变成中开心,中开心会变成大开心。

视角越大,开心越多

读者会问：视角变大痛苦变小,这个好理解,开心会放大,这个怎么理解？举例给你们听,就好理解了。

假定你叫董万贯,和机关里的李桂花是十年同事,上班中间,你和李桂花在机关走廊相遇,你会不会突然产生一种幸福的感觉呢？一般是不会的。我们就来研究你和李桂花在机关走廊相遇,为什么不会产生特别幸福的感觉？你可能觉得这个问题很难回答,但心理学家很容易看出来,原因是你们隐设的视角太小了,你们隐设的视角是机关,机关相遇当然不会产生什么幸福的感觉。

请把你们的视角放大,放大到全市,比如你在本市郊区的某处风景名胜带着全家人正闲逛,看见一家农家乐,闯了进去,咦！突然看见了李桂花,你高兴地叫起来:"李桂花,你也在这里啊！"为什么你高兴了呢？因为你隐设的视角扩大到了全市。

现在再请把你们的视角放大，放大到全国，比如你到云南原始森林去旅游，拿起刀叉，正准备吃白斩鸡，突然有人喊道："董万贯，你在这里啊！"你扭头一看，竟然三千里之外遇到了李桂花，肯定兴奋莫名："李桂花，来来来！吃白斩鸡！"你为什么更开心了呢？因为你的隐设视角已经放大到了全国。

现在再请把你们的视角放大，放大到全世界，假定你已经移民纽约，在一个烟雨蒙蒙的下午，一个人孤独地撑着伞，默默地走在街头，突然你看见了李桂花，喊道："李桂花！你怎么在这里？"你完全可能高兴得流下激动的眼泪，这就是所谓"他乡遇故知"啊！为什么呢？因为你隐设的视角已经放大到了全世界。

现在再请把你们的视角放大，放大到全宇宙，比如登月的阿姆斯特朗，他说他登月以后心理状态发生了很大的变化！以前他是军人，对敌人充满了仇恨，一定要打倒敌人，但登月以后他感觉不一样了，他看着地球，感觉这是一只小小的、蔚蓝的、美丽的水球，人们为什么要有这么多仇恨，发展这么多洲际导弹、原子弹、氢弹？为什么人类不可以和平相处呢？你们看，阿姆斯特朗的心理变得正面化了。假定你就是阿姆斯塔朗，你的太空舱在地球外着陆，着陆处一片荒芜，你钻出太空舱，看到了蔚蓝的地球，会非常幸福、非常开心。因为你是从宇宙的视角来看问题！

开拓视角的6个建议

第1个建议：有空多去登登高山，天高地阔，会对你形成暗示，扩大你的隐设视角,容易看淡奖金少发了、职称没评上、有人背后说坏话、小孩成绩下降……烦恼会少很多!笔者接触了一些高山民族,如瑶族、彝族等,发现他们确实乐观一些。

第2个建议:有空多去看看大海,海阔天空,会对你形成暗示,扩大你的隐设视角,烦恼也会少许多!海边居民乐观主义者多,笔者好多个来自海边的学生,性格都是开朗、快乐的。

第3个建议:有空多去看看历史古迹,其背后的沧海桑田、物是人非,会对你形成暗示,扩大你的隐设视角,烦恼也会少许多!如果功名利禄心太盛,导致烦恼丛生,去看看名人的坟墓,也是很好的!多少轰轰烈烈的英雄人物,也如过眼烟云,不知所在。如果有抑郁症,则不适合去看名人坟墓,因为有死亡的暗示。

第4个建议:有空多学学历史,读史让人变得聪明理智,会减少情绪化,上下五千年,人生如白驹过隙,何必斤斤计较名利、自寻烦恼?

第5个建议:有空多学学哲学,胸怀全球,眼望世界,大事化小,小事化了,心胸开阔,才能容天下难容之事!

第6个建议:如果你没有抑郁症,仅仅是心里烦恼,可以做一个这样的自我冥想:坐在凳子上,闭眼,呼吸平静,全身逐节放松,给自己做一个假设,假定今天是你人生的最后一天,你还会烦恼今天的事吗?多半会发现烦恼烟消云散!

最后,我们来复习一下本章的重点:

个体视角的大小严重影响人的情绪:视角越大,所遇事情在个体眼里越小;视角越小,所遇事情在个体眼里越大。同样一个挫折,在视角大的个体心目中,是一件小事,在视角小的个体心目中，是一件大事。

个体的视角变大了，还会发生一个神奇的现象：大痛苦会变成中痛苦，中痛苦会变成小痛苦，小痛苦会变成没痛苦，没痛苦会变成小开心，小开心会变成中开心，中开心会变成大开心。

> **思考题**
>
> 你平时有什么兴趣爱好？这个周末，带上家人，选择遵照任意一项建议，去开拓视角吧：登山、看海、参观古迹、阅读一本历史书或哲学书，或者是进行一次冥想。

第13讲　黑箱心理效应：你的忧虑可能放大了

认识黑箱心理效应

> **黑箱心理效应的定义**：当某事、某人、某物相关的信息量越少，信息的确定性越少，个体越容易对它做出负面联想。

比如，你小孩平时放学后应该在18：00左右回家，有一天竟然19：00还没有回家。分两种情况，一种情况是，你小孩的手机是能打通的，信息量充足而且明确，你就不太会担心；另一种情况是，你小孩的手机打不通，也没有任何其他的消息，做父母的就会担心是不是出交通事故了，被人拐了，迷路了，打架了……总之，许许多多的负面联想，手机通的没人接和手机根本关机，这两种情况中后者信息量更少，因而更让人担心。有没有在这种情况下净想好事的父母呢？比如，可能是女儿或儿子得了奖学金，正请人吃饭呢！或者可能是女儿或儿子文章写得不错，语文课老师心花怒放，正请女儿或儿子吃饭呢，如此正面联想的父母，也许是有的，但非常少见。

我见过一对非常恩爱的情侣，女的到英国留学，刚到英国三天,两人电话里就吵架了,女方决定对男方采取"小小"的惩罚:关闭手机一个月,并且不做任何预告和解释,同时切断所有其他信息渠道。男方急得跳脚,最多一天打了六十多个电话,后来男方准备去英国找女方,女方才决定惩罚结束,恢复手机联系。当男方知道这是女方的惩罚后,对女方的爱莫名其妙地消失了。女方怪男方太小气:不就是没打通电话嘛!其实女方错了!这个惩罚的黑箱效应是巨大的,男方的负面情绪体验极深,这种负面情绪体验非常糟糕。

人类对什么事情的信息了解最少呢?

第一类是太空,所以我们的科幻电影大多数是外星人入侵之类的事;第二类是深海,所以很多深海类电影都是关于深海怪物的;第三类是我们个人的未来,所以许多人对未来总是忧心忡忡。

在这里我们要特别分析一下"对个人未来忧心忡忡"这件事,个体对未来的担忧绝大多数是夸大的,根本不会出现的。你只要回想一下你20年前的担心,绝大多数人会觉得很可笑,是杞人忧天,是没有意义的。因此,你可以大胆假设20年后回想今天的担忧,绝大多数人也会发现这种担忧是没有必要的。

笔者年轻时的担忧清单

笔者列举自己年轻时的担忧清单如下:

✓ 担心自己考不上大学,那个时代本科、大专、中专加起来总共录取率也只有2.4%。

第13讲 黑箱心理效应：你的忧虑可能放大了

✓ 进了大学，担心同学看不起我这个山沟里来的人。
✓ 担心英语太差毕不了业，因为我们中学的英语老师是学俄语的。
✓ 担心竞选校学生总会干部失败。
✓ 当上大学学生总会副主席后担心自己干不好。
✓ 当上大学学生校长助理更加担心自己干不好。
✓ 攻读硕士研究生又担心跟不上学习进度。
✓ 担心毕业后找不到工作。
✓ 到高校当老师，担心自己开课没人选。
✓ 选课的人很多，又担心讲得不好学生把我轰下去。
✓ 担心升不上副教授和教授。
✓ 快结婚了担心没有房子住。
✓ 在外兼职公司副总，主管营销，担心无法扭转营销下降的趋势。
✓ 扭亏为盈又担心他人眼红。
✓ 自己创办企业担心企业亏损，发不出员工的工资。

这些都是二十多年前的担心，发生了几件呢？
一件也没发生！
真的，一件也没发生！全都是白担心了！
所以，我后来慢慢地变得对未来不怎么担心了，对不确定性的担忧固然还存在，但是不会像当初那么忧心忡忡了。
我送给大家一个建议：千万不要过度信奉"人无远虑必有近忧"这句话。为什么呢？因为，终生远虑，永远忧虑！终生远虑的一生,生活质量太差了!

最后,我们来复习一下本章重点内容:黑箱心理效应指的是,当某事、某人、某物相关的信息量越少,信息的确定性越少,个体越容易对它做出负面联想。

当读者的黑箱心理效应产生时,请读者尽力理性对待哦!

> **思考题**
>
> 如本讲示范,列举一下自己10年前的担忧清单,看看自己当时的担忧是否有必要;再列举目前的担忧清单,想想10年后,自己的担忧是否还有必要。

第14讲 悦纳自己论：尽人事，听天命

想保持心理健康就要悦纳自己

心理学领域里有一个非常重要的观点：心理健康的必要而非充分条件之一是**悦纳自己**，又称为自尊，即接纳自己难以改变的和不可改变的部分，以及这一部分所带来的结果。越是不能接纳自己的人，就越痛苦。

人难以改变和不可改变的部分包括但不限于以下几个方面：① 身高、相貌、性别与肤色；② 身体缺陷；③ 智商高低；④ 情商高低；⑤ 35岁以后的文化程度；⑥ 35岁以后的总体工作能力；⑦ 天生的基础健康水平；⑧ 个人的家庭出身；⑨ 孩子的身高、相貌、性别与肤色；⑩ 孩子的智商和学习能力；⑪ 父母贫富、能力、智商；⑫ 配偶的能力（此项虽能改变，但难度极高）。

什么叫作悦纳自己？

心理学所说的自尊与民间俗语的自尊含义正好相反，心理学所说的自尊是自己接纳自己，民间所说的自尊是指一旦刺激

到个体的弱项，个体情绪反应很大，这实际上是个体不悦纳自己的表现。

悦纳自己不是认为自己什么都优秀，而是全面地接受自己，包括自己先天的不可更改的缺陷。

每一个人都应该意识到：上苍让你来到人间，每个人都是独特的、有价值的、有意义的。心理学所说的悦纳自己或者自尊，比较接近于但不等于我们老百姓常说的"认命"。"认命"是把个人的一切遭遇都说成是命运的安排，完全否认了人的主观能动性，而悦纳自己是指接受生活中难以改变或不能改变的东西，而不是认为一切不幸都是命运的安排。

在生活中，不能悦纳自己的典型事件，是不能接受自己的智商以及基于智商形成的工作能力，老想从事和自己智商不相配的职业。其实每个人都要客观认识自己的智商，接纳自己的智商，要意识到人的天生智商的巨大差别，不要轻易地给自己的职业贴上一个高低贵贱的价值标签。事实上，世界上所有的职业都是要人去做的，所有的职业都是有价值的，不存在着高低之分。

在生活中不能悦纳自己的另一典型代表事件是：女性希望自己的老公具有无限的潜力，大干一番事业。在同等先天条件下，因为学习条件、锻炼机遇、个人努力不同，确实会带来工作能力上一定的差异，但笔者据主观经验估计，这种差异也就是相差百分之三四十；它毕竟受到了天生的智商、情商的制约，人和人之间个人能力的差异是极大的，这种差距是后天无论如何努力都无法追上的。

在生活中不能悦纳自己的典型代表事件还有：许多女性对自己的相貌难以接受，造成痛苦；不能承认自己的天生智商和情商；不承认自己的先天经济条件和社会关系；树立遥不可及的目标，并且在行动中认真地争取，这就是所谓志大才疏。

志大才疏苦难多

笔者在实践中发现：志大才疏是造成人生苦难的一个巨大源泉。许多抑郁症患者是在工作中不断遇到挫折，经过多次的打击形成的病症，而且这种个体所抱有的超出个人能力极限的人生目标已经深入潜意识，通俗地讲已经深入骨髓、难以改变。在这种类型的抑郁症治疗中，一定要从潜意识层面出发，认识到自己天生智商、情商的界限，调整人生志向，重新评估以往的挫折，配合药物治疗。

笔者还发现一个现象：社会上流行的"成功学"实际上是一种造梦学，它把成功简单化、低成本化、普及化，把成功说成是一种可以迅速学成的技能，并且声称人人都可以获得成功，满足了大量低理性人群的心理需要。许多参与成功学学习的人，刚开始心理状态得到迅速改善，兴高采烈，希望在前。他们渴望获得成功的愿景迅速膨胀，宏图大志形成，但在实践中却不断遇到挫折，后期得抑郁症的比例高得惊人。

最后，我们来复习一下本讲重点内容：心理健康的必要而非充分的条件之一是悦纳自己，又称为自尊，即接纳自己难以改变和不可改变的部分，也接纳其带来的结果。越是不能接纳自己的人，越会感到痛苦。

请牢牢地记住：志大才疏苦难多！

思考题

想想自己身上有什么不可改变的地方，既然不可改变，为什么不学会接纳自己？

第15讲 攀比论：攀比等于寻找痛苦

什么是攀比

所谓攀比，就是选择和自己类型基本相同的人，进行单因素或选择极少的几个因素比较，而不进行全面的比较，比较的结果通常是觉得自己吃了亏，处于下风，造成强烈的负面情绪体验。

人们通常不会去和世界首富攀比收入，不会和总统攀比人生成就，也不会和不认识的人攀比收入，攀比一般发生在同事、同学、兄弟姐妹、邻居之中。

攀比的特点是：进行单因素或少因素比较，认证自己吃了亏或者得到不公平待遇。

攀比给人造成的痛苦是巨大的、广泛的、深刻的。比如，一个公司内部，人们是如何进行单因素或少因素比较的呢？工龄长的员工主要是比工龄，抱怨自己工龄都20年了，才比身边年轻人高了一点点工资。学历高的就比学历，埋怨硕士毕业却和本科毕业的工资差不多，感叹千里马常有而伯乐不常有。也可能是比级别，强调本公司同样是中层干部，待遇差别怎么这么大？有人的地方，就有比较，为什么这个社会这么不公平？

总之，攀比都是进行单因素或选择极少的几个因素去比较，而不是全面看待问题。

攀比等于自讨苦吃

从社会层面来看，青少年喜欢比相貌，青年人喜欢比收入，中年人喜欢比孩子，老年人喜欢比子女的孝顺程度，高龄人喜欢比健康。

攀比对人的心理伤害是非常巨大的，笔者做过一个小样本分析，对60岁之前得癌症的人做了个攀比心理评估，结论是他们的攀比心理远高于社会平均水平，当然这不能说明攀比和年轻得癌是因果关系，但这至少说明这两者之间的相关性非常值得研究。有个众所周知的身心医学研究结论：心理状态与癌症密切相关。当然致癌还有两个重要因素——年龄和致癌物污染。

从临床经验看，攀比显然与抑郁症、焦虑症有密切的关系。另外，攀比与高血压、失眠症也有相当大的关系。

攀比在严重破坏自己心境的同时，还会对周边人群产生负面影响。攀比是要有对象的，这个对象也会在攀比的过程中感到压力，所以攀比会严重破坏人际关系环境，恶劣的人际关系环境又反作用于攀比者本身，影响攀比者的心情。

攀比还会破坏自己的社会支持系统，降低周边人群帮助自己实现生活和工作目标的动力，也就是帮忙的人变少，机遇变少，攀比者运气会开始变坏，于是幸福感越来越少，痛苦感越来越深。

攀比者还会减少被领导提拔的机会，根据笔者的经验，很少有领导欣赏攀比者,领导和攀比者在一起会感受到很大的压力,不知不觉地对这类人敬而远之,因此攀比者难以获得领导的青睐和晋升机会。攀比还会破坏组织风气,大面积降低组织士气,这一点也是领导特别不喜欢攀比者的原因,这也是造成攀比者难以晋升的另一个原因。

攀比者自认为受到了不公平的对待,怨气较多,就会很大程度上影响自己的工作绩效,影响自己的工作积极性,这又是造成自己难以升迁的第三个原因。

总之,攀比危害多多,攀比就等于寻找痛苦。

减弱攀比心的方法

如果你攀比心很重,导致自己心情恶劣,痛苦无比,请仔细研读下面这篇短文,情况会有所改善。

攀比收入,终身痛苦

大量的调查研究结果表明:在任何一个组织中,如果存在互相攀比收入的风气或组织文化,那么组织成员中的每一个人都会感到十分委屈,都会感到十分不公平。因为,对个人而言,互相攀比只会认为自己与别人相比"拿少了",而又必然被同事评价为"拿多了"。人人都会认为"他人收入过高,我凭什么比他低,这很不公平"。所谓"人比人,气死人"就是指这种现象。

组织成员如果沉浸在"气死人"的情绪当中,组织的竞争力自然会降低，严重的还会导致组织在市场竞争中失败，变"气死人"为"饿死人"。这种现象在国有企业中常见。正因为其危害严重，所以，在管理自主权较大的"三资"及民营企业中，大都实行工资保密制度。

互相攀比是如何产生不公平感的？

首先，决定收入的因素非常多，涉及工作数量、工作质量、工作难度、学历、潜力、忠诚度、年龄、工作态度、安全性、稳定性、纪律性、运气等。总之，收入是多项成分综合评定的结果。而收入的构成也是复杂的，包括工资、福利、学习机会、职业安全性、地位、权力、企业成长性、能力锻炼机会、个人与上级关系等。由于上述各种因素造成了组织的工资收入结构和现状，也就是说，影响员工收入高低的因素是各种各样的。

其次，互相攀比的典型过程是：单因素或选择极少几个因素进行比较，并且在因素的取舍选择上，往往向有利于自身的方面靠拢。比如，某商厦柜台营业员的工作，月薪是4 000元，月奖金2 000元左右。有一个营销系毕业的大学生，分配来此进行6个月的基层锻炼，月薪5 000元，但试用期无奖金。如果互相攀比，原来站柜台的营业员就会感到十分不公平，因为撇开其他因素不谈，单从工作内容相同这一点出发，抱怨"同样的工作为什么收入不一样"，于是不公平感产生了。

抱怨一旦传到大学生耳中，很有可能引发反弹，基本观点是，自己的收入并不比对方高，基本手段是找出收入之所以

"不高"的对比因素。比如，"都是同样的工作，干嘛他每月有奖金，而我没有奖金，这太不公平"，于是新的不公平感又出现了。

只要你想寻找委屈，寻找不公平现象，通过攀比，就必然找得到。

互相攀比收入的结果就是：人人都认为"别人占了便宜，自己吃了亏"，从而形成"人比人，气死人"的情绪。这种互相攀比多见于组织内部，偶见于组织外部。比如，大学同班同学，工作后散布于各行各业，他们也会互相攀比收入。

事实上，相互攀比危害极大，它会大大降低自己的生活品质，给自己制造痛苦；也降低他人生活品质，给他人制造痛苦；再就是降低组织竞争力，给组织埋下崩溃的隐患。

那么，如何处理这种不良现象呢？

首先，组织应形成"严以律己、宽以待人，不互相攀比"的组织文化。

其次，应实行严格的工资保密制度，并对泄密者、互相攀比者进行严厉的处罚。

再次，组织成员应自觉地做到不互相攀比，维护良好的团队精神和工作气氛。

最后，请再次牢记这句至理之言：只要你想寻找委屈，通过攀比就必然找得到。

或者说：人比人，气死人！

如果你还想不开，那么多读读下面这首诗吧：

如果,有一天

如果,有一天,

我去世了,

恨我的人,

翩翩起舞,

爱我的人,

眼泪如露。

第二天,

我的尸体头朝西埋在地下深处,

恨我的人,

看着我的坟墓,

一脸笑意,

爱我的人,

不敢回头看那么一眼。

一年后,

我的尸骨已经腐烂,

我的坟堆雨打风吹,

恨我的人,

偶尔在茶余饭后提到我时,

仍然一脸恼怒,

爱我的人,

夜深人静时,

无声的眼泪向谁哭诉。

十年后,

第15讲　攀比论：攀比等于寻找痛苦

我没有了尸体，

只剩一些残骨，

恨我的人，

只隐约记得我的名字，

已经忘了我的面目，

爱我至深的人啊，

想起我时，

有短暂的沉默，

生活把一切都渐渐模糊。

几十年后，

我的坟堆雨打风吹去，

唯有一片荒芜，

恨我的人，

把我遗忘，

爱我至深的人，

也跟着进入了坟墓。

思考题

如果拿破仑在军事学校整日与别人攀比家世和身高，他还能成为影响整个欧洲的伟人吗？

第16讲 价值观宽度论：拥有多元价值观的人更幸福

人生的意义是多元的

> **价值观的定义**：影响人生意义的主要观念。

假定一个人认为人生是否有意义，主要就是看是否赚到了很多的钱，钱越多，人生意义越大，我们说这个人的价值观就是金钱价值观；

假定一个人认为人生是否有意义，主要就是看是否获得了上帝的喜悦，上帝越喜悦，人生意义越大，我们说这个人的价值观就是基督教价值观；

假定一个人认为人生是否有意义，主要就是看是否能摆脱轮回苦海，进入极乐世界，能够摆脱轮回苦海的人生就是有意义的人生，我们说这个人的价值观是佛教价值观；

假定一个人认为人生是否有意义，主要就是看能否融入共产主义运动的洪流，自己对共产主义运动贡献越大，人生就越有意义，我们说这个人的价值观就是共产主义价值观；

假定一个人认为人生是否有意义，主要就是看发现了多少客

第16讲 价值观宽度论：拥有多元价值观的人更幸福

观真理，发现得越多，人生就越有意义，我们说这个人的价值观就是学术价值观；

假定一个人认为人生是否有意义，主要就是看自己的孩子能否成才，孩子成就越大，自己人生越有意义，我们说这种价值观就是子女导向价值观；

假定一个人认为人生是否有意义，主要就是看培养出多少有成就的学生，学生成就越大，自己人生越有意义，我们说这种价值观就是教育家价值观；

假定一个人认为人生是否有意义，主要就是看自己获得了多少权力，自己权力越大，人生就越有意义，我们说这种价值观叫政客价值观；

假定一个人认为人生是否有意义，主要就是看自己能否改造世界，让世界变得越美好，人生就越有意义，我们说这种价值观叫政治家价值观；

假定一个人认为人生是否有意义，主要就是看自己能否获得政府领导的认可，领导越认可，人生就越有意义，我们说这种价值观叫领导导向价值观；

说到这里，请读者注意：人生意义的价值观可以是一个也可以是数个。

拥有多元价值观的人更幸福

价值观宽度论的含义：拥有多元价值观的人比只有单元或少元价值

> 观的人更加幸福。价值观宽度窄的人，一旦人生意义没有实现，就容易精神崩溃，产生巨大的痛苦；价值观宽度广的人，对A价值的追求虽然没有实现，但还有B价值可以追求，这样的人抗打击能力更强，人生更幸福。

我们老百姓大部分有个非常大的问题，就是价值观非常单一，绝大多数人是金钱价值观，即金钱至上，人生意义就是赚钱，赚到了钱就是成功人士，没赚到钱就是失败者。这样的价值观是非常危险的，万一一脚踏空，没赚到钱，就觉得人生没有意义了。所以，中国人其实是挺烦恼的。

笔者有一个学生，相当优秀，但价值观单一，一心扎到钱眼里。有一次他作为中国大学生的代表，参加一个级别非常高的论坛，论坛上国际投资界名流和各国媒体云集，该学生在论坛上被采访发言，全球现场播报，记者们问这个学生："你们中国大学生主要思考什么问题呢？"

这位学生答道："中国大学生主要考虑五件事：第一件是如何发财，第二件是如何发大财，第三件是如何无本发大财，第四件是如何无本轻松发大财，第五件是如何无本轻松迅速发大财。"

众人都惊呆了，记者们随即提出了疑问：大学生主要考虑这五件事，那谁去考虑社会进步呢？

这件事有相当大的影响，导致有关部门来找笔者谈话，笔者又去找这位学生，告诉这位学生：你作为我的学生，应该多考虑社会进步，要多想想什么是美好社会。

以后，笔者加强了对学生的社会责任感教育，该位学生感触良

第16讲 价值观宽度论：拥有多元价值观的人更幸福

多，变化很大，后来，他留学美国，有机会和巴菲特吃饭谈话——大家只知道和巴菲特共进一次午餐很贵，好像有过一次1500万元人民币的记录，但大家不知道巴菲特还有对中国学生免费开放的共进午餐的机会，大概是每年一次。这个机会被这位学生获得了，他吃饭的时候有机会向巴菲特提一个问题，他提的问题是：什么是美好社会？

笔者觉得这位学生颇为值得赞赏，并且也思考了"什么是美好社会"这个宏大的问题。

在情绪管理心理学中，所谓美好社会，就是首先要客观地承认人有利己和利他的二元本性，绝大多数人是利己的自私想法超过了利他的无私想法，极少数人是利他超过利己。通过社会管理机制，让每一个人在追求利己的同时，不知不觉地、潜移默化地客观上在利他，即实现利他和利己的统一，这样的社会，就是美好社会。

笔者对这位学生曾经寄予极大希望。他进入社会以后，能力迅速提升，二十余岁就税前年薪百万。随着他不断地变化，笔者发现，他还是掉入了"一切向钱看"的现实文化的汪洋大海，被同化了。这不得不说，是非常遗憾的。

宗教能使人内心安宁

据统计，中国自杀率最低的地区是西藏，非常重要的原因是西藏民众普遍相信佛教，个体除了金钱价值观外还有佛教价值观，万一在赚钱上失败了，还有佛教价值观支撑他人生的意义，人生还是有希望的；而且如果量化测量的话，我相信他们幸福度是高的。

根据笔者对欧美国家民众的近身观察，他们似乎很天真，很容易高兴起来，做一点小小的游戏，就乐得很。我们有时候会觉得他们很傻，即便是守大门的，似乎也很满足，并没有觉得自己很卑微。国内的很多人总是满腹怨气。造成这种差异的原因我想和大多数欧美国家的人至少有两个价值观有一定关系，他们还有另外一条人生意义之路，就是获取上帝的喜悦。

有人说我们中国也有佛教啊，中国人也应该很快乐吧？

中国人信佛教虽然普遍，但是大多数不会去钻研佛教的教义，做的事情和佛教的教义是相反的。比如，祈祷菩萨保佑自己升官发财，其实佛教是最反对升官发财的，强调欲望要低。

连中国的基督教在历史上也有很不严肃的一面，如太平天国。洪秀全宣称：上帝除了耶稣这个儿子之外，还有个二儿子，叫洪秀全，三儿子叫杨秀清……就这么平白无故地给上帝添了许多儿子。这还不够过瘾，有儿子必有儿媳妇，洪秀全的老婆是谁呢？洪秀全自称他的皇后竟然不是人，而是嫦娥！封号也不是皇后，叫"大月宫"，洪秀全的原配妻子赖氏只能做副月宫。

中国历史上就没有出现过宗教战争，与西方人不同，西方人为了教义的理解不同会打仗，如著名的"十字军东征"。但从一些世俗的中国人的眼光看，不能理解为了教义理解不同而打仗的行为。

有人会问，鞠强教授你相信宗教吗？我是很难相信宗教的，我从小受到的是科学教育和无神论教育。但是从功用的角度出发，

第16讲 价值观宽度论：拥有多元价值观的人更幸福

宗教使人快乐，使人能够安详地面对死亡，使人向善，于社会公共治理好处是很大的。笔者本人不会去相信宗教，但在尊重信仰自由的社会之中，别人如果选择相信宗教，笔者是乐观其成的。

> **思考题**
>
> 　　北京大学的钱理群教授说，现在大学培养出来的许多学生是"精致的利己主义者"。这会不会与信仰缺失有关系？

第17讲 感恩心：好运气的核心是常怀感恩之心

发自内心的感恩才是真感恩

> **感恩的定义是：** 个体的潜意识把他人的帮助铭记在心，心存感激，外化成一种感谢语言、感谢行为、感谢表情，或者形成了一种气氛，让周边密切人群不知不觉地感到帮助个体有价值感、成就感、意义感，调动了社会力量支持个体工作、事业、生活目标的实现。个体自我感觉运气较好，情绪体验容易正面。

笔者要强调的是，假心假意地说感谢的话是没有用的，因为人和人之间，还存在着潜意识的沟通。潜意识沟通是全方位的，比如，嘴上说着感谢，内心却并不抱有一颗感恩心，微表情输出的信息就无法和感谢的语言相配合。这种微表情是个体难以控制的又不知不觉地存在着的。潜意识沟通还包括说话的微妙语气变化，甚至接待客人时桌椅的摆放、说话的角度以及目前还没有得到确证的其他潜意识的沟通方式，这种信号能被对方的潜意识所捕捉和察觉到。

在催眠中，大量实验证实了潜意识沟通的存在，但它的内在机理学界还没有完全研究透彻,这有待于心理科学的进一步发展和探索。

比如,母子之间的潜意识沟通强度是非常高的,母亲临死的时候,儿子千里之外常常有感觉。又如,孪生兄弟姐妹之间的潜意识沟通强度也比较高,两个孪生兄弟姐妹分住相隔千里的高校,经常得相同的跟心理因素有关的疾病,如皮肤瘙痒、拉肚子、头痛等。再如,恋人之间潜意识沟通强度也比较高。

特别要说明的是,普通人之间的交往也存在潜意识沟通,只是强度没有上面的例子高。

成功者最重要的是感恩心

笔者长期担任总裁班、总经理班、EMBA班的授课教师,遇到过无数白手起家、从穷到富的案例,笔者对人怎样才能摆脱贫穷是很有兴趣的,曾经对白手起家的人做过研究。是什么原因让这些人从穷到富、白手起家呢?假定选最重要的五个要素,这五个要素是什么呢?

智商肯定是其中一个因素,这在大量的数据研究中得到了证实,这也和许多人的猜想一致;**抗挫折能力**和**行动力**也是进入前五位的要素,**创新与学习**也进入了前五位;还有一个要素是许多人没有想到的,就是**感恩心**。

具体分析过程是:

首先,找来300个被试者,请他们对自己的运气做一个评估,运气非常好是100分,运气极差是0分,于是我们得到了300个运气自评分。其次，对这300个人做感恩心心理测量，于是我们拿到了这300个人的感恩分。最后，我把300人的运气分和感恩分做相关系数分析，计算出相关系数是0.73，为正相关。

这表明运气和感恩心有密切的相关性，虽然不是100%相关，但总的来说，感恩心越强的人，运气越好。

笔者自己感觉就是一个运气比较好的人，重要的原因之一就是来自家庭的感恩教育，这是笔者家庭的传统文化，所以帮笔者忙的人很多：笔者小学五年级从山村到城里读书，有不认识的老师把笔者收留到家里，吃喝撒拉睡全包。中学也碰到类似的老师，大学也碰到类似的老师，进复旦大学读研究生也是受到了导师的栽培，在管理企业的过程中也遇到很多人帮忙。小时候并不明白为什么运气这么好，大了学了心理学才明白是来自家庭的感恩教育在起作用。

另外，我还观察到一个有趣的现象：我的父亲有兄弟三人，三兄弟养了四个儿子，这四个儿子居然全都是白手起家，最穷的一个2019年也净资产千万元以上，学历分别是清华硕士、复旦硕士、大专、高中，是什么原因使这四个人全都翻了身呢？笔者估计家庭传统的感恩教育也是由穷变富的重要原因之一。

笔者也观察到相反的情况：极其困难的家庭子女，因为自卑的因素，容易过度重视他人评价，自尊心强，有强烈的否定他人帮助的倾向，对人不存感恩心，又导致无人帮助进而贫穷代代世袭。

笔者在大学资助过两百多个家境困难的学生，这些学生学费虽然可以贷款解决，但家里仍拿不出每月一千元的生活费，属于相

第17讲 感恩心：好运气的核心是常怀感恩之心

对贫困群体,经过统计发现这样一个现象:

这其中有一些学生毕业十年后大多数仍旧是班上同学中最穷的,虽然他自己跟自己比,比当初没有读大学时的境遇好了,但大部分仍旧分布在同班同学的末端。而且这些同学常常数代贫穷,其家庭文化常常是虚荣心极强、讲究自尊、倾向于否定他人的帮助、对别人不常怀感恩之心。他们自己把这一行为美其名曰"骨气"。这正是许多人世代贫穷、世代运气不好的原因。

在这里要再次特别提醒读者的是:感恩心不能理解为当面说谢谢,也不能理解为学习如何表达感谢的技巧,虽然表达感谢的技巧是有点用处的,但非常有限,它无法改变你的运气。只有在内心深处,特别是潜意识深处真的充满一颗感恩的心,才能充分调动社会资源,支持你的工作和生活,你的运气才会改变。

> **思考题**
>
> 本讲有一个重要的观点,运气的核心是感恩心。试想,你最近一次受人帮助是什么时候?你有没有发自真心地感恩对方?

第18讲 面子观论：面子与幸福的关系是一条抛物线

面子与幸福的关系

> **面子观的定义**：个体对他人评价的重视程度。

对面子的重视程度与幸福的关系是抛物线关系。对面子看得太轻时，幸福程度也低，人会忽视社会规则，与环境形成高度冲突，也容易进监狱，会感到很不幸福；随着对面子的重视，人与环境的适应程度提高，幸福度上升，但超过一定的程度，幸福度又开始下降。原因是个体越来越脱离了人的本性，按照社会评价要求去生活，活在别人评价中的程度越来越高，心理压力越来越大，压抑感越来越强，抑郁症、焦虑症、强迫症、失眠、高血压、糖尿病、皮肤病、肠胃病、甲状腺类病、风湿类病、心脏病等其他身心疾病的得病概率都开始上升。

总之，面子观与幸福的关系是抛物线关系，如右图所示。

第18讲　面子观论：面子与幸福的关系是一条抛物线

人为什么会重面子？

面子观念产生的原因，与青少年时代父母的教育和榜样作用有着密切的关系，我们的日常用语中往往充斥着大量对面子的暗示。

当父母对子女说出这样的话时：

"人活一口气，树活一张皮。"
"人穷没关系，但要有骨气。"
"人不可以有傲气，但不能没傲骨。"
"做事要么不做，要做就一定要成功。"
"家丑不可外扬。"
……

或者，当父母对子女做出这样的榜样暗示时：

绝不求人。
咬牙送红包，回家发牢骚。
省吃俭用买奢侈品。
衣服喜爱名牌，还不知不觉喜欢大牌标签。
在城区买用不上的豪车。
……

以上这些就是在做面子观教育。

这里补充一点：过度重视面子还有一个特殊成因，就是幼年时代安全感不足，这也是最常见的原因。依靠他人评价决定生活质量高低的家庭的孩子，非常容易过度重视他人评价，包括但不限于教师家庭、演员家庭、作家家庭、西方政治家庭……但不一定如此，只是说这种家庭的概率较大。

过分重面子的害处和影响

适度的自尊是必要的，但过度重视面子，往往害处很大，除了造成身心疾病外，至少还有以下六点害处：

（1）因外部评价不稳定，情绪易波动；

（2）由于众口难调，行动失去方向，左右为难；

（3）因为面子问题，为了避免失败而不采取行动；

（4）虚荣心太强，花费大量精力掩饰弱点和错误；

（5）有可能因过于喜欢名牌产品，造成经济紧张；

（6）因过度注重面子，导致感恩心差，并且导致帮助他的人少。

面子观过强还会造成两大影响：

其一，导致个人的感恩心不强，降低了周边人想帮助他的动力，减少了成功机会，于是就会感觉自己运气特别差，这也是最大的害处。为什么面子观过强会降低感恩心呢？因为面子观过强的人，会出于维护面子需要，拒绝承认他人的帮助，或者淡化他人的帮助。这种拒绝或淡化他人的帮助虽然不一定表现在口头上，但仍旧会形成害处，因为每一个人都存在着潜意识沟通，与面子观过强的人接触，你会不知不觉失去帮助他的动力。

第18讲 面子观论：面子与幸福的关系是一条抛物线

其二，个人的行动力降低了，因为确保百分之百不"失败"的办法只有一个，那就是把失败降到零，而把失败降到零唯一的办法就是不行动。

看重面子和看轻面子，哪一类人更多

那么，在现实生活中，过度注重面子的人和自尊感极低的人，哪一类更多呢？

答案是面子观过高的人更多。因为在接受过教育的人当中，总的规律是：文化程度越高，注重面子的人比例越会上涨。

不过，在受教育程度高的人群中，笔者算是一个例外。回忆自己的人生之路，笔者之所以在今天能够有一点点成就，其实是和保证追求面子的适度有很大的关系。一般而言，北京理工大学与复旦大学出身的人，都容易过分重视面子，但刚进入大学，笔者就不是一个这样的人，为什么呢？

因为笔者是江西宜春长大的，中学英语老师是学俄语的，他教出来的学生，如果讲英语，别人都是听不懂的。而且那个年代考大学，全国考生英语水平都低，所以英语只按30分计入总分。进入北京理工大学，学校把考生英语分成三个等级班，A级班是英语优等生，B级班是英语中等生，C级班是英语差等生，分别授课。笔者被分入了C级班。到C级班一看，呵，这可不是江西同乡会吗？江西的学生尤其多。所以，当时只要有人问我："你英语是什么班的？"我总是用响亮、清晰、热烈的声音回答说："C班！"另外一个同班同学提醒我说："你C级班干吗这么大的声音！很光荣吗？"

143

结果这件事被一个大学老师知道了,他对此事的评价是:这个敢于承认自己是C班的同学一定会比另外一个同学更有出息。果不其然,后面竞选学生干部,另外一个同学就畏畏缩缩,笔者就敢冲敢闯,当上了校学生总会的部长、校学生总会副主席,甚至还当上了校长助理。敢冲敢闯,无惧他人评价,这也是笔者人生取得成功的重要原因。

> **思考题**
>
> 　　如果笔者太在意他人评价,不敢承认自己是C班的,笔者还能取得日后的成功吗?

第19讲　爱的需求强度论：你不需要太多的爱

爱的需求与幸福的关系

爱的需求程度与幸福之间也呈现抛物线关系。无论是爱的需求程度过少，还是爱的需求程度过高，都会导致我们感到不幸福。只有爱的需求程度达到适度平衡，个人的幸福感才能达到最高。

爱的需求程度很低的人，常常是幼年时代缺乏爱的人，他的潜意识也不太相信爱的存在，因而也不去追求他人的爱。由于童年的环境限制，这样的人从小无法学习怎么去爱别人，所以他在成长的过程中，维护爱的能力也比较差，也难以给别人恰当的爱。

这样的人主要是从孤儿院出来的人、被父母抛弃的人、在亲友家长大的人、天生基因里爱的需求程度低的人，具体表现为感情冷漠，不讨人喜欢，获得的社会支持比较少，自己的幸福感较低，当然，这样的人比较少见。

举一个动物的例子来理解上面的话，虽然不是同一个物种，但是动物的行为通常能很给我们很多启示：

养狗的人都有这样的体验，假定一条狗一点也不黏人，人们是不喜欢这种狗的，给予的照顾就比较少。像金毛犬和拉布拉多犬这样的狗，虽然可以做一些基础的导盲工作，但多数人养金毛和拉布拉多并不是为了导盲的需求，而是这两种狗比较黏人，它们对人的爱有索取成分，很容易使人产生被需求感。

什么人对爱的需求程度高

爱的需求程度很高的人，主要有以下三类。

（1）幼年时代获得了一定量的爱，但是还不足的人。比如，幼年父母离婚，特别是父母离婚后又把小孩交给祖辈抚养的人；父母离婚，脱离家庭者来探望孩子比较少的单亲子女；父母虽没离婚，但是长期在外出差，孩子得到的爱不足；没离婚，但对孩子的教育不得法，给予爱不足的子女；父母之一或者两人是指责型人格，长期批评子女，使子女没感觉到父母的爱。这些子女长大以后会产生补偿性反应，对爱会有过度的渴望。

（2）比较容易受社会暗示的女性。我们社会暗示，女性的主要人生意义就在于获取男性的爱。比如，大量的化妆品广告就暗示女性必须打扮得漂亮，漂亮是吸引谁呢？主要不是吸引女性，而是吸引男性。又如，长辈们经常会用老观念教训小辈，说男人的人生只有一次机会，就是考上好大学；而女人有两次机会，考不上好大学，还可以嫁个好男人。另外，电视里面演的宫廷剧，大部分是女性钩心斗角，拼命去吸引男人……接受这些暗示比较多的女性，潜意识就容易形成自己的人生意义观，就是她人生的意义全都来自男人的认可和爱。总的来说，女人比男人对爱的需求程度高，可能是社会暗示造成的。

（3）天生对爱的需求程度比较高的人。这是由基因决定的，比较少见。

爱的需求过多，得不到满足会导致痛苦

爱的需求程度很高的女人，通常会生活很痛苦，她们的痛苦主要有以下6种类型。

（1）当离婚发生时，这类女性负面情绪体验特别大，远超女性社会平均水平，这类女性表面上把男性贬得一无是处，实际上内心有可能过分贬低自己，觉得自己很失败、很没价值。而离婚中的男性无价值感常常没有女性大，他还有一个重要的价值来源是事业。

（2）当发现另一半有不忠行为时，这类女性负面情绪也特别大，同样产生巨大的无价值感，觉得自己没本事，远超女性社会平均水平。虽然表面上是说男的不对，好像自己理直气壮，实际上是没底气。

（3）这类女性陷入多方关系的概率也很高，因为一个人的爱是不够的，必须多几个，于是生活中常常搞成一团糟，关系混乱而紧张，负面情绪体验大。

（4）爱的需求强度很高的女性，对批评过度敏感，很难从善意的批评中获取力量来改善自己。

（5）这类女性对金钱的占有欲也很强，因为金钱可以给她们带来安全感。

（6）常常过于黏人，男人还常常误以为这种女人对自己特别爱。比如，男人出差了三天，跟女人电话，女人在电话里哭得梨花

带雨,诉说对男人的思念,这时候男人常常美得很,觉得女人特别爱他。其实男人没有意识到,她有可能是博爱主义者,不只爱他一个人。这种爱的过度需求是隐藏在潜意识层面的,通过意识层面的谈话劝说是无效的。

催眠是最有效的调节方式

那么,如何调整和治疗对爱有过度需求的人呢?最有效的办法还是催眠心理治疗。

最后,我们总结一下本讲的主要观点:爱的需求强度与幸福之间是抛物线关系,爱的需求强度过低与爱的需求强度过高,都会使人感到不幸福。只有爱的需求强度达到适度的平衡,个人的幸福感才能达到最强。

> **思考题**
>
> 为什么现在网上一些情感博主的理论容易流行,市场受众那么广?受这些理论影响的女性,她们爱的需求强度和幸福感是怎样的?

第20讲 公平论：追求公平等于追求痛苦

为什么说追求公平等于追求痛苦

公平是一种很主观的东西，根本就不存在人人认可的公平，所以，追求公平基本上就是和自己过不去，或者说就是给自己制造痛苦。

这个世界上有多种多样的公平观，这里先列举主要的四种。

（1）结果公平。这种公平观认为世界上人与人之间的获得应该基本相同，这才是公平。这种公平观反对贫富差距，反对城乡差别，反对脑体差别，反对地位差别，反对一切人与人之间的结果差别。最典型的代表是不切实际的平均主义和大锅饭。

（2）机会公平。这种公平观承认人与人之间有先天禀赋差异、后天能力差异，进而承认人的获得的差异，承认人的财富差异、地位差异。但却强调每个人的发展机会应该公平，强调在竞赛开始时，每个人的机会应该基本相等，也就是每个人的获胜概率应该基本相同。按这种公平观，平均主义和大锅饭反而是最大的不公平，这种公平观比较强调教育平权，反对各地高考录取分数不一样，反对中小学就近入学，反对民营企业与国有企业的待遇差别，反对外资企业与内资企业的待遇差别,强调减少各种市场准入,强调公平竞赛。

（3）起点公平。这种公平观强调每个人进入社会竞赛的起点应该基本一样,反对区分农村户口与城市户口的制度,反对城市间的户口壁垒,甚至反对国籍差异,提倡征收高额遗产累进税,强调教育免费。

（4）投入产出公平。这种公平观强调个人的财富和地位应该与他的贡献相匹配,不过贡献的评估成了学术上的大难题。

当然,还有许多各种各样的公平观,你持有哪种公平观呢？

关于什么是公平,自古以来就争论不休,这个问题从来没有得到80%以上人的共识,能力差的人喜欢结果公平,懒惰的人热爱结果公平,能力强的人强调机会公平,资源多的人强调投入产出公平,出身差的人欣赏起点公平……

而且这个世界上目前没有哪个体制,达到了上述四个意义上的任何一个纯粹的公平,每个人都可以拿一个公平观说事,每个人都可以用一个公平观折磨自己,给自己制造痛苦。所以说,追求公平就是追求痛苦。

怎样看待公平是个人角度问题

那么,是不是不要考虑公平的事呢？这要看你从什么角度考虑。

笔者强调的是二元:假定你有影响社会走向美好的理想,从整个社会角度考虑,是要考虑什么是公平、什么是更好的社会。假定你只考虑个人私事和私利,建议你不必考虑公平,人类自有文字记载以来,都没有达到完全的公平,你作为个人,考虑公平又有什么意义呢?许多人为了自己是否得到了公平待遇,左思右想,彻夜难眠,除了给自己制造痛苦外,没有任何收获。

笔者非常赞赏中国先贤的观点:穷则独善其身,达则兼济天下。

这里的穷,含义是"势"穷,即影响力还不足以推动社会变化,而不是"贫穷"的意思。兼济天下时要考虑社会公平问题,独善其身时不要考虑自己是否得到公平的问题,否则纯属自己找麻烦。

本讲最后,我们再强调一遍,在涉及个人私事时,追求公平等于追求痛苦。

> **思考题**
>
> 很多人说高考是公平的,千军万马过独木桥,农村孩子可以鲤鱼跃龙门;也有人说高考是不公平的,从教育资源倾斜、生源地质量等根源上就造成了城乡差距与不公。那么,我们到底应该怎么看待这个问题呢?

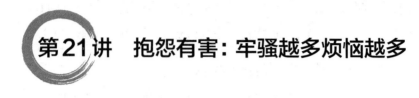

第21讲　抱怨有害：牢骚越多烦恼越多

越爱抱怨的人生痛苦也越多

　　抱怨和牢骚多，本质其实是潜意识关注的焦点在负面，并且潜意识回避问题的倾向比较高。牢骚越多，人生痛苦就越多！为什么呢？

　　情绪是一种主观体验，抱怨、牢骚说多了，会越觉得自己是一个苦人儿，越说越苦，负面情绪体验越说越大、越说越深，甚至走向抑郁症。

　　抱怨、牢骚还有一个巨大的害处，会使得朋友越来越少，仅有的朋友也多是思维集焦负面的人，而且与这些朋友的人际关系质量很差，容易关系破裂，为什么呢？

　　因为所有人都有追求幸福、摆脱痛苦的潜意识本能，而抱怨的负面情绪会对外扩散和传染，和抱怨多的人在一起，主观体验是负面的，会感到不舒服，所以许多人会不知不觉地远离他们，目的是远离痛苦。

　　那么抱怨、牢骚多的人，仅存的朋友是些什么人呢？是那些自己的抱怨、牢骚也多的人，这样的人汇集在一起，第一个原因是志同道合、同病相怜。比如,张三说男人都不是东西,李四也附和说自己的老公不是东西,互相引为知己。第二个原因是为了自己有抒发抱怨、牢骚的机会。

牢骚多的人仅存的朋友,友谊的小船也会说翻就翻,因为大家的焦点都在关注负面,这些仅存的朋友总有一天会真诚地发现:你也不是什么好人!

人为什么喜欢抱怨

为什么很多人抱怨的积极性很高呢?

因为人们在抱怨时,听者不管抱怨者说的是否有道理,出于礼貌,照例是表示同情和认可的,抱怨者负面情绪会有一定程度的缓解,抱怨者"我是对的"的需求在一定程度上得到了满足,这就会充分调动抱怨者的积极性,使其抱怨越来越多。抱怨者的积极性高了,会出现类似上瘾的反应,到处抱怨,浪费大量的时间。

不要做语言上的巨人、行动上的矮子

抱怨多的人还有一个害处,就是诉苦得越多,思维就会越集中去收集自己正确的信息和理由,越发固化自己的观点,即使自己错了,也觉得自己非常正确,思维很难转变,导致抱怨的境遇难以改善。

抱怨的数量与行动力的关系是负相关的。大量心理学案例研究发现:抱怨越多,改变环境的行动越少;抱怨多的人,用口头说话代替行动，说很多，仿佛是已经做了，其实困难没有得到任何改善，反而导致负面情绪增加。

我们之前说过，抱怨的本质是潜意识关注的焦点在负面，并且潜意识回避问题的倾向比较高。抱怨多的人，习惯看到他人的缺点、自己的不公平待遇、上司的无能、同事的混蛋、老公的平庸、孩子的胡闹……本质是潜意识关注的焦点在负面，但如果只是少许负面，有的人会设法排除主观认定的问题。然而抱怨多的人，潜意识回避问题的倾向会比较高，让他们行动是比较困难的，而且行动是要花费成本的。于是，他们唯一的出路就是在嘴上诉苦，诉说苍天的不公，在抱怨中仿佛已经解决问题。

如果你现在正在抱怨，那么，请立刻停止抱怨，发牢骚不会使你的人生有任何改善！抱怨越多，人生痛苦越多！

> **思考题**
>
> 如果一个朋友像祥林嫂那样，总向你抱怨，一次、两次、三次，甚至跟多次，你还会同情他吗？他通过抱怨，情况就能得到改善吗？

# 第22讲　接纳不完美：世上无难事，只要肯接纳

世上的确存在难以改变的事物

世界上的问题，可以粗略划分为"能改变的"和"不能改变的（或者极难改变的）"。这里的"极难改变"指的是改变的广义成本极大，以至于个体无法承受。

对于能改变的问题，有一句名言告诉我们："世上无难事，只要肯登攀！"

对于不能改变（或者极难改变）的事物，笔者也告诉你："世上无难事，只要肯接纳！"或者："世上无难事，只要肯放弃！"

案例一：

作者遇到一个女孩，她爱上了一个英俊的男孩，可认识后发现，这个男孩在性取向上不喜欢女性。这是基因导致的，跟社会文化无关，这类人如果和女孩有亲密接触，会产生理性的不适。这个女孩坚信爱可以改变对方，终于在第七年，该男孩答应和女孩建立恋爱关系。女孩兴高采烈，结果一周以后就分手了，女孩得了抑郁症，经心理催眠治疗，建立了"接纳不能改变的事物"的科学理念，情绪才缓解过来。

案例二：

作者的一个总经理学生，家里找的保姆都喜欢偷吃家里最贵、最好吃、最紧俏的零食，于是他辞掉了一个又一个保姆。我问他："你一共找了多少个保姆？"他回答说："11个。"我又问："有没有不偷吃最贵零食的？"他回答说："没有。"我继续问他："其他人聘请保姆，这种情况多吗？"他回答说："多的。"我就劝他，"既然都偷吃，就属于不可改变的，你就需要把保姆偷吃零食当作聘请保姆的成本，坦然接受，否则徒生烦恼。"养成接纳不能改变的事物（或者极难改变的事物）的生活态度，是提高个体主观幸福度的重要处世方法。

案例三：

如今，"90后"已经成为职场的新鲜血液，但很多人对"90后"的许多行为看不惯，比如"90后"认为开心比工资重要，所以一不开心就辞职，除非工资特别高。我常常问老板们："'90后'的这种状况可以改变吗？"老板们回答："不可能改变！"

我就劝说他们，既然不可改变，就要勇于接纳，面对现实，改变企业政策，使你们的企业比社会平均水平更开心，你们的人员流动率就降下来了！

对于年纪大点的人，我也经常劝说他们，对于年轻人不要看不惯，他们的文化与价值观，以后一定会成为主流文化和主流价值观，不要说"90后"这个不对、那个不对，没什么对不对的，对不对都是相对于主流价值观而言的。过不了几年，"90后"的价值观就会成为对错标准，汹涌而来、不可阻挡，想对不对的问题纯粹是自寻烦恼，只有适应，不谈对错！既然是社会问题，企业改不了，只有接纳。

第22讲 接纳不完美：世上无难事，只要肯接纳

治疗抑郁症的第一步是接受它

在对待复发的抑郁症来访者时，笔者有一个重要的指导思想：在开始阶段，来访者一定要学会接纳抑郁症，无数的抑郁症患者都以为自己是出了思想问题，力图使自己想开点，但是没有任何用处，更加无止境地掉入绝望的黑洞。既然不是自己想开点就能解决的问题，就一定要学会接纳，防止一直在这个无效办法上兜圈子，所以，接纳抑郁情绪才是抑郁症缓解的第一步。

对不幸常怀坦然接受之心

死亡的恐惧、老去的恐惧、亲人逝世的悲痛、亲子分离的担忧、退休的无价值感、青春容貌逝去的惆怅、老年病到来的忧虑、他人背后议论自己是非的愤怒、人生的无意义感、孩子婚姻里纠纷的担心、孩子事业不成功的烦恼……这些情绪可以有一点点，但不能过于忧虑。对于这些不可改变的事实，请以坦然的心接纳。

人生必定有失败，就像有白天必有黑夜，有高山必有低谷，有成功必有失败，任何失败和人生低谷，都是你庄严生命的一部分，以坦然的心去接受人生的失败。

> **思考题**
>
> 为什么如今大家都很欣赏坦然接受不幸遭遇的生活态度？

 **第23讲 潜意识风险放大论：一朝被蛇咬，十年怕井绳**

潜意识风险放大的成因

> **潜意识风险放大的定义**：是指由于过去（主要是青少年时代）的经历或教育，导致潜意识层面有错误的风险评估方式，放大了对风险程度的预估，形成负面的情绪体验。

个体在潜意识中将风险放大，主要有三个原因。

第一个常见的原因是，小时候父母离婚或者动荡的社会环境使得个体安全感不足，导致潜意识放大风险。比如，笔者遇到许多单亲家庭长大的人，风险放大现象非常明显，领导一批评就会联想到被开除；被狗咬了一下，要去三家不同的医院打狂犬病疫苗，还专门从上海跑到北京去查是否产生了抗体；与同事一有矛盾，就想到同事会使毒招……青少年时代经历过社会、家庭变故的人，大多数也是安全感不足的，对人的信任度非常低，对存钱有着狂热的需求，而且斗争性还偏强，特别相信阴谋论，防范心特别高，总是觉得人与人之间的关系如同敌人。

第二个常见的原因是，父母在孩子青少年时代进行过大量的、过度的、高强度的防范心教育，导致孩子长大后潜意识放大风险。比

第23讲 潜意识风险放大论：一朝被蛇咬，十年怕井绳

如，有孩子在学校时，去图书馆自修，带了喝水的杯子，其父母就教育他：杯子不能离身！杯子放在桌子上，人离开是很危险的，万一有人偷偷地在你杯子里放毒怎么办？受到大量类似教育，孩子长大后就变得特别小心翼翼，没有闯劲，没有开拓精神。如果得了感冒，就惊恐万分，担心自己会死掉；想去医院，又想到交叉感染，纠结不已；工作后需出去应酬，担心喝酒过多会死，偷偷地带上速效救心丸。

第三个常见的原因是，青少年时代有过某个事件的重大创伤，导致泛化反应。比如曾被狗咬，就泛化成怕狗、猫、兔、鸡、鸭、猪、牛等一切带毛的动物，进而泛化成讨厌皮毛衣服、毛衣等毛制品。还有更极端的事例，有一个孩子的父亲是个十分暴怒的人，青少年时代他就经常遭到猛揍，于是他对父亲的恐惧泛化成对人的恐惧，造成社交恐惧症。

如何缓解潜意识喜欢放大风险的习惯

无时无刻在潜意识中将风险放大的人，情绪体验是极糟的，但他的糟糕不一定浮于表面，而是内心动荡不安。

纯粹意识层面的劝说是没有用的。要解决潜意识中对风险认知的放大，唯一有效的办法就是接受心理催眠治疗或者尝试自我催眠治疗，比如练习笔者的身心柔术。

> **思考题**
>
> 有一句谚语叫"一朝被蛇咬，十年怕井绳"，它和潜意识风险放大有什么关系？

# 第24讲　学会断舍离：懂得舍弃才能成就美好人生

收获和舍弃要相对平衡

笔者的学生们经常探讨的一个话题就是：怎么才能获得美好的人生？

我经常告诫他们：要敢于舍弃。因为从二元相对平衡的哲学出发，幸福的人生需要做到获得与舍弃相对平衡。

在现实生活中，不敢获得的人极其少见，许多人的问题实际是不敢舍弃，总是设置互相矛盾的目的，追求统筹兼顾的结果，同时向东、向西迈进。可大多数情况下，统筹兼顾是做不到的，需要分主次，需要勇敢地抓主放次。

如果一意孤行，同时往东、往西迈进，其结果就是东边目标达不到，西边目标也达不到；或者互相内耗，做无用功，或者跑到自己根本不想去的南北方向。

但人性的弱点在于过于贪婪。在无法统筹兼顾时，坚持不放弃任何一个目标，结果在纠结、烦恼、痛苦中度过人生的大部分时间。

第24讲 学会断舍离：懂得舍弃才能成就美好人生

真 实 案 例

笔者身边有许多求助者，他们问题成堆，生活一塌糊涂，厄运不断，痛苦万分。比如，很多父母遇到孩子不愿意上学的情况时，就会来求助。这些父母的人生哲学大多有很大的问题。常见的问题之一就是不敢抛弃，这也要得到，那也要得到，做事总是犹豫不决，永远处于矛盾焦虑之中，一方面引发自身心理问题，另一方面常常反而得不到。这也舍不得，那也舍不得，是典型的底层人思维方式，是典型的穷人思维方式，是典型的失败者思维方式，是典型的痛苦人生思维方式。

前不久，有个宁波单亲家庭的孩子不肯上学，母亲带着孩子来向笔者求助。这位单身母亲的生活可以用"一团乱麻"来形容。她离异七年，与前夫形同水火，七年中短暂再婚，又离异，儿子由于缺乏父爱导致安全感不足，得了学校恐惧症，身为母亲的她焦虑万分。最近她谈了个男朋友，既年轻又有一点帅气，两人同居，她儿子也非常认可这个男人。但她嫌这个男朋友没钱，又谈了一个秘密男朋友，这个秘密男朋友是国有企业的中层干部，收入不错，但年老丑陋，于是这个母亲就在同居男朋友和秘密男朋友之间不断徘徊，想和同居男友结婚，又嫌他无钱无本事；想和秘密男朋友结婚，又嫌他年老丑陋。

这个单亲母亲智商很高，活动能力很强，自己是个小老板，有两间很小的店铺，但管不过来。老店铺利润很少，但非常稳定，新店铺利润比较大，但不稳定，说不定来年就没生意可做，当然也有可能会赚大钱。因她的精力有限，必须关掉一家店，但是她两家店都舍不得，都要管着。她用人又很独特，新店里面有两个副手能力都很强，因为工资低，都有跳槽的倾向，其实最好的方法是，保留一人并把福利集中于此人，结果她两个副手都舍不得放，都给他们开着低工资。

这位女士名校硕士毕业，但目前取得的成就之小，与她的高学历、高智商实在不相称。她为什么生活、事业都搞得一团糟呢？

根本原因是她的人生哲学出了问题：不敢舍弃！

其结果必然是与两个男友关系破裂，儿子越来越厌学，两间小店最终走向亏本，她喜欢的两个副手迟早都要离开。由于不敢舍弃，她长期处于矛盾中，极其容易得焦虑症。

幸福的人生需要勇敢地舍弃，犹豫不决造成的害处比舍弃时选择错误的害处更大！也就是说，哪怕你在舍弃时选择错了，从人生整体而言，害处也比什么都想捞、什么都想得到形成的害处小得多！

再举一个相反的例子。23年前，笔者30岁左右，在某高校当副教授。作为年轻人，虚荣心多多少少有一些，总想去谋个正教授的头衔，但高校需要论资排辈，而且笔者研究生毕业后就进学校教书，学校的老先生们看着我慢慢成长，心里老是把笔者当小家伙看。最终，学校没有同意给我正教授的头衔。

那时候也没有外部名校来聘笔者做客座教授，原因很简单，既然笔者在本单位做副教授，那些更有名的高校自然也无法放下身段来聘笔者做教授。当学校通知笔者不能当正教授，需要本人慢慢熬时，笔者断然抛弃了这个副教授的头衔，提交了辞职报告，去公司做专职总经理。

当时，社会风气非常保守，大家对事业单位编制极其重视。笔者辞职一事在亲朋好友中掀起了轩然大波,劝阻如云,大家都认为太可惜了!但笔者去做专职总经理后,个人收入也跃上了巨大的台阶。不到两年的时间,国内许多名校纷纷来聘笔者做客座教授。如果当年舍不得那个副教授的空衔,其他名校是无论如何也放不下身段来聘我这个副教授来当客座教授的。

当然,类似的舍弃还有很多例子,笔者甚至曾断然舍弃正在盈利的年利润两千万元的公司,集中力量去做更重要的事!

不懂得舍弃的人生不会成功

幸福的人生需要认清自己的真正目标,不断地评估,分出主次,选择并舍弃!

当你犹豫不决时,就说明两个方案的利弊差不多,否则,你也不会犹豫了!如果实在决策不了,不妨扔钢镚由老天帮你做决策,这样也比维持现状好!

如果你做决策时总是犹豫不决,这也舍不得放下,那也舍不得抛弃,追求两全其美,那么痛苦而失败的人生就在向你招手了。

> **思考题**
>
> 想想自己在生活中有没有因为迟迟无法抉择而错过事情处理的最佳时机,最后只能痛苦不堪、后悔不已的时刻?如果同样的事情再次发生,你会做出怎样的抉择?

第25讲　社会关系与主观幸福：朋友圈带给人幸福感

自我隔绝不是健康的生活方式

笔者关于社会关系与主观幸福的主要理论如下：

（1）良好的社会关系可以增进人的主观幸福程度，不良的社会关系则会降低人的主观幸福程度；

（2）社会支持可以增加人的喜悦感、归属感、控制感、自尊感和兴趣；

（3）社会支持（社会关系）主要是家庭关系、朋友关系、同事关系和邻里关系（社区关系）；

（4）社会支持在缓解个体心理压力、消除个体心理障碍方面有明显作用；

（5）社会支持缓解心理压力的原因是安全感增强；

（6）积极的社会交往对主观幸福感产生有益的影响，消极的社会交往对主观幸福感产生有害的影响；

（7）各种社会关系中对人主观幸福影响最大的是婚姻关系，其次是与父母的关系，再次是亲子关系；

（8）积极的社会交往可以缓解消极社会交往对主观幸福感的

第25讲 社会关系与主观幸福：朋友圈带给人幸福感

负面影响；

（9）消极社会交往比积极社会交往对主观幸福程度影响大；

（10）舒斯特等人（Schuster etc., 1990）的量化分析表明，相对增加积极社会交往而言，减少消极社会交往对主观幸福程度更重要。与消极的人相处，比如与指责型人格、牛角尖人格、计较型人格、控制型人格的人相处，会极大地影响主观幸福程度，换言之，提高人生主观幸福程度最重要的办法是回避上述人格特征的人。

结论是：一个人形影相吊、封闭社交圈是一种不健康的生活方式。

笔者在心理治疗的经验中发现：家庭关系良好的癌症患者相比家庭关系紧张的癌症患者，其病情发展更慢。国外也有相应统计数据证实，同样是心脏病手术，社会关系良好的患者死亡比例更低。甚至有统计发现，养宠物的人和不养宠物的人，心脏病手术死亡率也有差异。养宠物是一种低度的模拟社会关系，养宠物者手术死亡比例也更低。

国外有一个心理学实验：在调查问卷中，对同样欠款十万美元的人评估主观压力值，然后让被调查者报告自己亲密朋友的数量，研究发现两个数据负相关，也就是说，朋友越多的人，欠款压力越小。

国外还有一个统计数据，可以证实：结婚的人比不结婚的人，总体主观幸福程度要高得多。

下表是英格哈特（Inglehart, 1990）对欧洲各国163 000名被试者主观幸福程度的研究结果。

	男性(%)	女性(%)
已婚	79	81
同居	73	75
独身	74	75
孤寡	72	70
离婚	65	66
分离	67	57

注：百分比表示满意或非常满意的比例。

还有许多统计研究证实：(1)朋友关系与幸福的相关系数在0.3到0.4之间；(2)同事、社区关系与主观幸福程度有关系；(3)农村有50%的人对社区满意，而城市居民只有20%的人对社区满意；(4)西方的教堂对提高社区满意度有巨大作用；(5)在中国，同事关系与人员主动跳槽率密切相关。

怎样走出封闭圈

在此，笔者建议如下：

（1）把本书仔细阅读8至10遍，通过以讲促学、与他人交流本书观点来加深对本书的知识理解。

（2）多鼓励、表扬亲友，深切意识到每个人都有责任让自己的亲友尽量开心。

（3）笑声尽量大一点，这样既可以暗示调整自己心理，又可以增加周围亲友的愉悦感。

第25讲　社会关系与主观幸福：朋友圈带给人幸福感

（4）培养正面的阳光思维方式，多关注积极的方向。

（5）尽量使自己得到的社会支持与自己付出的社会支持大致平衡。因为大多数人在付出的社会支持比获得的社会支持多20%～30%时会有比较良好的心理状态，而少数人可以付出的支持是获得的支持的4～5倍，再多就会崩溃。

（6）学会鼓励亲密关系。由于东方人比较内敛，所以在这一点上人们做得比较欠缺。

（7）使自己内心充满感恩。

（8）不要希望他人感激，这样会严重影响自己的主观幸福程度，因为中国人缺乏基督教的感恩文化，希望他人感激就是和自己过不去，要帮助他人就别指望人家感激。

（9）减少抱怨、勇于行动。如今，爱抱怨也是主流负面文化之一，抱怨会使自己心情更加难受，又使得亲密人群心情压抑并且不知不觉地远离你。

（10）在不感到很大压力的情况下，勇于助人，乐于助人。

> **思考题**
>
> 　　马克思有一句著名的话："人的本质是一切社会关系的总和。"我们可以通过观察一个人的朋友圈及其交友方式，得知这个人是幸福还是痛苦吗？

第三篇　当心这5类负面人格及10种身心疾病

导读

所谓人格，是指个人的相对比较稳定的一般性对外反应的方式，其来源于潜意识的深层原因。人格可以改变，但难度很大，改变的方式主要是高强度、高数量的重复信息输入、被动催眠、主动催眠（即本书所讲的身心柔术）和创伤性改变。

本篇前五讲具体批判了5种负面型的人格，包括指责型人格、牛角尖人格、计较型人格、回避型人格和控制型人格。这5种负面型人格会给个体带来许多身心疾病，更为糟糕的是，负面型人格者也会给周围亲密关系的人带来极其强烈的负面情绪体验。

本篇最后一讲则主要概述长期处于高压力环境下人群的常见身心疾病。高压力人群，特别是公司总经理、高管这一类人，由于经常承受突发事件带来的冲击和挑战，工作量超时，成为身心疾病的高发人群，容易患上抑郁症、焦虑症、强迫症、癔症、失眠症等。

因此，我们需要对这5种负面型人格者以及高压力、高强度工作环境下的人群加以重视，重新认识，及时干预和调整。

第26讲　指责型人格批判：都是别人的错吗

认识指责型人格

> **指责型人格的定义**：个体潜意识关注的焦点在他人的缺点，并且潜意识当中有一个深刻的观念，就是认为评判他人是为了他人好。

按照潜意识安全感的不同，指责型人格又可以细分为两种类型：一种是安全感较强型，这种人会对周边人群特别是亲密人群进行大量的批评；另一种是安全感较弱型，这种人对周边人群的批评主要埋藏在心里。两种类型的指责型人格都容易更早罹患癌症，但是后一种安全感较弱的指责型人格得癌症的概率比前一种要大得多。

指责型的人格特征非常稳定，它不是意识层面的观念问题，而是深层潜意识问题，不做大量深度催眠是很难缓解的。

指责型人格是怎么形成的

笔者偏向于认为指责型人格的形成与基因没有关系，而是主要来源于以下三个方面。

（1）父母。子女行为容易拷贝父母，这是萨提亚心理学的重要观点。父母或者父母之一是指责型人格，70%的子女潜意识会拷贝父母中性别与其相同的一方，也就是说，如果母亲是指责型人格，女儿也容易成为指责型人格，父亲是指责型人格，儿子也容易成为指责型人格。儿子拷贝母亲指责型人格，女儿拷贝父亲指责型人格，约占20%，剩余10%谁也不拷贝。

（2）过往生活经验。比如，早年受到父母过多批评甚至是家暴，学生时期受到老师过多批评，或者在长大之后，受到社会过多批评，青少年时代有过失败经历而形成创伤，并进入潜意识……这些过往经历都有可能导致个体潜意识中自我价值感严重不足。于是在有安全感的情况下，大量批评他人，显示自己高人一等；如果没有安全感，也会在心中暗暗批评他人。

（3）工作环境。比如，青少年时代并没有指责型人格的人，成年后做了质量检验员，专门负责找毛病，业绩显著，进而晋升为质控总监，强化机制非常明显，个体感到找人毛病好处巨大，进而形成指责型人格。

指责型人格的负面案例

作为指责型人格者的亲朋好友是非常痛苦的。指责型人格者的妻子、丈夫、孩子、父母、下属、合作伙伴、情人、兄弟、好友是很倒霉的。无穷无尽的批评会从各种匪夷所思的角度向他们涌来。指责型人格者的亲密人群得身心疾病的概率也比社会平均水平高。

第26讲 指责型人格批判:都是别人的错吗

带有指责型人格特征的人,也是失眠、抑郁症、焦虑症、高血压、糖尿病、皮肤病、癌症等各类身心疾病喜欢"光顾"的对象。

最后,列举一些在指责型人格者当中也算是极端水平的案例。

一个人手机掉地上,手机没有摔坏,他很庆幸、很开心,而极端指责型人格者会敏锐地发现这个人的问题,直言不讳地告诉他:手机掉地上没摔坏,说明你矮!

有人在新年宣誓:我今年一定要努力奋斗,今年一定可以咸鱼翻身!指责型人格者会真诚地指出:咸鱼翻身,还是咸鱼!

老公在家里唱歌,极端指责型人格者在老公面前丢个钢镚儿。

师弟问极端指责型人格的师兄:"有人说我闷骚,你觉得我闷骚吗?"师兄回复:"你不闷!"

第27讲　牛角尖人格批判：杠精的自我修养

认识牛角尖人格

> **牛角尖人格的定义**：牛角尖人格是指责型人格的一种特殊形式，它除了具备指责型人格的共性特征之外，还拥有特殊的个性特征，即批评他人的内容多数集中于小概率事件。

牛角尖人格最喜欢抬杠，凡事喜欢钻牛角尖。最喜欢说的语言是"这不一定哦"。

比如，听到别人说，接受高等教育对人生成功、人生幸福很重要，牛角尖人格就会反驳说，你错了，比尔·盖茨大学没毕业。听到别人说上海很漂亮，牛角尖人格就会反驳说，你说的不对，上海也有很多贫民窟。听到别人说，敬业奉献是人在社会上生存的基本要求和条件，牛角尖人格就反驳说，你胡说，某某著名公司员工累得跳楼了……

除了喜欢抬杠，这种人在对待他人的态度上还有一个特点：对你好时热情如火，想尽各种办法对你示好，但可能因为一个意想不到的原因，突然变得冷若冰霜，前后态度反差非常大，叫"热如火，冷如冰"。

第27讲 牛角尖人格批判：杠精的自我修养

笔者的一个学生，就是典型的牛角尖人格者。他爱上了一个女孩子，这女孩子是个美籍华人。这个学生为了这个女孩子，抛弃了党委副书记的工作，甚至准备到美国去创业，可谓爱得发狂。后来这个女孩子把他们同居屋子里的乌龟扔掉了，这个学生竟然情绪发生巨大变化，认为怎么可以这样对待一条生命，立刻和女孩子分手，而且在三天之内，换掉手机号，换掉微信号，换掉QQ号，换掉住处，切断一切联系渠道，新住处和原住处有60千米，这段恋情从狂热立刻降至冷如冰霜。

牛角尖人格的负面案例

下面再举一些在牛角尖人格者当中也算极端水平的案例。

有人买了一副耳机，塞到耳朵里试听，发现一边没声音，于是抱怨道：这家淘宝店真差，给我的耳机左边没有声音。有个牛角尖人格者会在旁边亲切地纠正他的思维错误："你怎么就轻率地下结论说这家淘宝店太差了呢？也许是你左耳朵聋了呢！你也太不严谨了！"

极端牛角尖人格者对同学说："你没刷牙吧，嘴巴里有股韭菜味儿！"同学答："我今早刚刷呢！"极端牛角尖人格者说："那你一定用了韭菜味的牙膏！"

同学说："申请吉尼斯纪录是很难的！"极端牛角尖人格的人说："难什么难！砍棵树，两头削尖，就可以申请世界上最大的牙签！在地球任何一个地面上刨三个小洞，三个手指伸进去，就可以申请世界上最大的保龄球！"

第28讲 计较型人格批判：利益得失比天大

认识计较型人格

> **计较型人格的定义：**对微小的物质利益和微小的精神利益的得失，看得很重。

凡事斤斤计较的人，容易产生烦恼，进而容易患上抑郁症、焦虑症、失眠、高血压、糖尿病、皮肤病、肠胃病、甲状腺类病、风湿类病、便秘、心脏病等身心疾病，也增加了年纪轻轻就患上癌症的概率，即疾病的发生率会大幅度上升。

斤斤计较不仅是指物质与精神方面的计较，还包括对面子、亲近程度（争宠或吃醋）、安全感、权力、机会、地位等方面的计较。

中国人斤斤计较的风气很盛，一来是从历史上看，中国人曾经历了刻骨铭心的贫穷，贫穷经历已经深入了许多人的潜意识；二来中国人口众多，资源贫乏，机会也贫乏，养成了国人对于利益得失非常看重的习惯。

从2000年以来，大量出国的中国人，却遭到了许多负面评价，除了诚信差之外，经常被人诟病的就是斤斤计较，特别喜欢贪小便宜。比如，有的人在星级酒店的客房里，把饮料罐下面钻一个洞，偷偷地把饮料喝了而不付钱之类的报道很多。

计较型人格的负面案例

笔者曾经遇见一位50余岁得癌症并且有抑郁症的妇女，她得抑郁症在前，得癌症在后，和亲人的人际关系很紧张。她斤斤计较的案例给笔者留下了无比深刻的印象：她曾经有一次晚上23：40把老公和孩子从床上赶下来泡方便面吃，为什么呢？因为她突然想起这天方便面的保质期就到了。

我也遇见过一位退休的妇女，患有抑郁症兼风湿类病以及皮肤类病，家庭关系十分紧张，更糟糕的是老公也被她弄成了抑郁症，造成这些问题的主因就是她的斤斤计较。比如她不顾口形不同，竟然提议，和老公共用一副假牙！

我还遇见过年纪四十余岁就得癌症兼焦虑症，还有糖尿病的患者，家庭关系也十分紧张，他的斤斤计较也是匪夷所思。他为了省钱，把全家的尿混在一起去检测糖尿病，美其名曰：如果没有阳性指标，就说明全家人都没有糖尿病！

还有的人年纪轻轻就得了癌症兼强迫症，他是这样教育自己的孩子的："孩子啊！过日子是有窍门的，如果客人来了，菜不够，怎么办呢？加盐！"他的精神果然被他的女儿所继承。春节期间，他女儿收了很多红包，舅妈开玩笑说，"给我一个红包吧！"他女儿默默地把红包中的钱拿出，真的把红包给了舅妈。还有一次，他女儿收红包时还用验钞机验了验真假。笔者估计他女儿的人生一定会很苦。

笔者还有一个学生的老婆,患有焦虑症兼高血压以及风湿类疾病,家庭关系十分紧张。该学生是位老板,赚的钱全归其老婆支配,早年因为学生给自己爸妈买了一个小车,其老婆就闹离婚。现在小车已经用了十几年,有点坏了,公公抱怨车子声音太响。这个儿媳妇亲热地、孝顺地、体贴地送上了一副耳塞子。

还有的人40岁得了甲状腺癌,兼高血压、糖尿病,原因是抠门无比。他外出公差,住星级宾馆,看见宾馆里的饮料很贵,每瓶10元,而外面市场上只要每瓶4元,于是外出花4元钱买了一瓶同样的饮料,和宾馆里10元一瓶的饮料对换,觉得占了很大的便宜。

笔者有7万名听过课的高管学生,百万名自媒体粉丝。学生的基数大了,小概率事件就容易冒出来,其他老师遇不见的怪事我都容易遇见。比如,有的学生报告他的配偶过于抠门,送其配偶到课堂来学习改造思想。这个女人和家人的关系也十分紧张,还有皮肤病,一只耳朵也听不清了,斤斤计较得出奇,她在课堂上竟然提出"我有一只耳朵听不清,所以我申请听课学费减半"。

斤斤计较,不仅有物质层面的,也有精神层面的。农村家庭妇女自杀,很少是由生活困难导致的,多半是因为旁人的闲言碎语导致的。

笔者曾接到过一个紧急电话,某学生的农村亲人喝农药自杀了,该亲人在面子上十分斤斤计较。我赶紧叫人去查他买农药的时候是否讨价还价。情报传来,他买农药的时候拼命地讨价还价。教授就放心了,他死不了的,一般而言,人有求生本能,自杀的人并

第28讲 计较型人格批判：利益得失比天大

非只想死，而是想死和想活两种意识同时存在，人在自杀的一刹那间，求生本能会强烈涌现，更何况这个人买农药时还杀过价。后来因为他舍不得喝农药，喝得太少，果然没死。

笔者还遇到过一个年轻的女性，患有失眠兼肠胃病，她声称自己是一个特别重感情的人。一般而言，人都喜欢给自己戴个道德的大帽子，她反复强调她特别重感情，就引起了笔者的注意。也许是对感情特别斤斤计较，引发了她诸多的烦恼，夫妻关系也特别紧张。为什么呢？因为她长得很漂亮，当年丈夫狂追她，她就对丈夫说：我是一个特别重感情的人，你要和我恋爱也是可以的，但我有个条件，我们结婚以后，我要把我四位前任男朋友的照片挂在床头墙上，以不负以往真挚的感情。她丈夫以为是开玩笑，满口答应。没想到结婚以后，她真的在床头挂了四位前任的照片！她丈夫在四位前任的注视下感觉相当糟糕，很快就生病了！

第29讲　回避型人格批判：逃避不可取

认识回避型人格

> **回避型人格的定义：** 在遇到困难、问题与挫折时，会习惯性地、本能地、大量地以回避的方式应对，因此回避型人格者与周围环境会造成严重的不适应。

由于回避型人格者不能及时处理生活问题，使问题堆积发酵，最后通常造成极强的负面情绪体验，并且抑郁症及其他身心疾病的发病率要比一般人高很多。

这类人回避问题的主要方式有以下12种。

（1）自我欺骗：以旁人看来不客观的方式欺骗自己，使自己感觉困难、挫折及问题不存在。

（2）宏大理想：以未来宏大的理想掩盖现在行动上的拖延，减轻自己的内疚感。比如，现在学习成绩很差，却赌咒发誓一定要考上清华大学。

（3）工作计划：以做详细的工作计划代替行动，平衡自己的内疚感。公务员家庭的孩子尤其擅长这种方法。

（4）嗜睡：睡得特别多，是为了回避现实问题，潜意识指挥两眼一闭，问题皆无。

（5）行动拖延：就是通常所说的特别严重的拖拉病，但一般会配合做工作计划、自我欺骗、树立宏大理想、想象过会儿就做等方式来消除自己的内疚感。

（6）归因朝外：就是找失败的原因时主要从外部找。

（7）随意撒谎：习惯性地以撒谎应对眼前困难。这种撒谎一般质量比较差，比如，孩子骗父母说"作业已经做好了"，但这种谎言很容易被马上戳穿。有的人撒谎是经过认真思考的，质量偏高的，不属于这里所说的随意撒谎。

（8）象征行为：象征性地做实质行动里小部分的、容易做的行动，以代替实质行动。比如，面对考试，买许多参考书来代替认真学习，消除自己的内疚。

（9）电子游戏成瘾：用电子游戏里的英雄形象补偿现实生活中的"狗熊"形象。

（10）答非所问：回避型人格者至少有一半左右的人有答非所问的习惯。

（11）过度乐观：回避型人格的人常常夸大乐观的作用，表现为过度乐观。但如果运气不好，回避问题导致问题积累，发酵严重，又会变为极度悲观，即抑郁症。

（12）形式主义：以喊口号、刷标语、开会议来代替实际行动。

回避型人格者不一定会全部采用上面的回避方式，而是会用其中的一种或几种。

回避型人格是怎么形成的

笔者倾向于认为回避型人格是后天造成的,与基因无关。因为回避型人格的主要来源有两个。

第一个来源是**对同性别父母的模仿**。

回避型人格的父母,其中一个或者两个存在着回避型人格,于是70%的回避型人格者会在童年时代潜意识学习、拷贝其父母的回避型人格。

第二个来源是**他们在人生体验中,有以回避方式应对问题而获得好处的重大经历**。

比如笔者曾碰到过一个回避型人格者,因为其行为拖拉而没赶上飞机,其家人为此还和他吵架生气,结果那趟航班失事,他庆幸不已,从此,他就从一般的行为拖拉者变成了回避型人格者。

回避型人格者不一定发展成抑郁症患者。如果一个人的运气比较好,人生比较顺利,严重的问题又不多,他也就不可能抑郁了。又比如,一个女孩子嫁了个好老公,他是一个超级行动主义者,也就把问题弥补了。

回避型人格者在特殊的情况下还会有职场优势,这主要出现在官僚主义严重的机构中。这些机构存在着拖拉、敷衍、淡化、形式主义的组织文化。于是,回避型人格者被贴上了成熟、稳重的标签,不少回避型人格者反而可以获得升迁的机会,相反,勇于面对问题、锐意进取的员工反而升不上去。

第29讲 回避型人格批判：逃避不可取

回避型人格的极端情况

有几则流传很广的故事，就很能说明回避型人格的极端情况。

有一个父亲问回避型人格的儿子："康熙雄才大略，八岁就做皇帝管理天下，儿子，对此你有什么感想吗？"回避型人格的儿子说："那是他爹死得早！"

当心爱的女人披上了别人的婚纱，伤心欲绝的男人就披上了袈裟！

有一个麻将迷，改不掉麻将瘾，他对《三国演义》的读书体会是：刘备三顾茅庐的典故，说明三缺一多么痛苦！

第30讲 （恶性）控制型人格批判：没有领导命却一身领导病

认识控制型人格

> **控制型人格的定义**：领导欲望特别强烈，喜欢当家做主。

控制型人格分良性和恶性两种。

良性控制型人格是指领导欲望强烈，又有与领导欲望相匹配的领导才能。这样的人是优质人才，无论对组织还是对社会都是有利的。

本讲重点要批判的是恶性控制型人格，即领导欲望很高，又没有领导才能。这类人的领导欲望常常无法在社会上得到满足，因此他们就把这种欲望施加到身边亲密的人身上，主要是家人身上，因为对家人有安全感，无所顾忌，才有可能实施这样的行为。

恶性控制型人格者常常出现这样一种情绪体验，当没法做主时，内心失落感巨大，非常难受，负面情绪体验很高。

该人格者最常见的形象是"强势的母亲"，她们常常给子女带来巨大的灾难。当然，恶性控制型人格不光是女性的专属，也可以

第30讲 （恶性）控制型人格批判：没有领导命却一身领导病

是男性的。

恶性控制型人格者主要有以下四种表现方式。

（1）把自己的喜好向亲密人群推广。比如，自己喜欢吃这个菜，就强迫子女、配偶也吃这个菜；自己喜欢这种颜色的衣服，就强迫子女、配偶也穿这种颜色；自己喜欢这个头发款式，就强迫亲密人群也试这个头发款式；自己喜欢说话声音小小的，就强迫亲密人群说话声音也要小小的；自己喜欢某种人，就强迫子女找这样的人做配偶……

（2）把自己的生活细节当作世界真理向亲密人群推广。比如，洗完手，必须甩三下把水甩掉，多一下或者少一下都不行；擦手用的纸必须折三下；女孩跑步时，喘气不能太大，否则像牛叫，影响女人形象……恶性控制型人格者由于在大事情方面不懂，所以只能在细小的方面发挥领导才能。

（3）在自己不懂的领域做决策。主要表现在家人就医方面，其次是事业发展方向、婚丧嫁娶、买股票及购房等方面，害处巨大。

（4）永远把子女当小孩。恶性控制型人格者子女20岁了，仍旧把子女当儿童管理，口头上说是关心爱护，实质上是为了满足自己的控制欲望。

控制型人格是怎么形成的

恶性控制型人格的来源可以有以下两个方面。

（1）基因因素。大量观察证明，领导欲望是有基因因素的，但领导才能主要是基因因素、教育条件、锻炼机遇三方面共同起作用的结果。

在此,特别要解释一下锻炼机遇:人的领导才能是因为得到锻炼的机会,才有所提高的。为什么大学的学生干部到社会上以后事业成就更大?这是因为他们有超前锻炼的意识,并自觉地去把握锻炼的机会。等到进入社会,很快就能显现出领导才能,容易拿到更多的锻炼机会,形成更强的领导能力。这就是强者愈强的马太效应。

(2)后天因素。70%的恶性控制型人格也是模仿同性别父母的结果,如果父母有一方志大才疏又喜欢当家做主,同性别的子女很容易拷贝学习。

但这里要强调的是,第一条是主因,第二条是次要因素。

此类人格者的人际关系紧张主要作用于亲密人群,远处的人际关系倒不一定紧张。因为领导欲望的释放必须在有安全感的范围,非亲密人群不会理会其领导,他们也不敢去领导。

与良性控制型人格正好相反,由于良性控制型人格的能力大,其领导欲望在社会上已经得到了充分满足,反而对亲密人群懒得领导了。

由于与亲密人群的人际关系紧张,反过来会影响自己的情绪,所以,恶性控制型人格者很容易年纪不大就患上各种病症,也容易得高血压。

恶性控制型人格者可以选择养狗,以满足部分控制欲,有一定作用,但不会改变本质问题。因为恶性控制性人格可以缓解,但最难改变,它是基因性的问题。

 **第31讲 高压人群身心疾病概述：为什么得病的总是我**

心理压力也会转变成生理疾病

公司高管这一类人，长期处在高压的工作环境中，经常承受突发事件的巨大冲击，总是面临着左右为难的矛盾决策，还会获得大量负面评价，必须倾听大量的牢骚和不满，接触海量信息，实时面对各种自相矛盾的请求，甚至卷入无穷的司法纠纷中。而且，他们工作量超时，下属提出的问题都是他们百思而不得其解的难题，却要求上级在短时间迅速判明情况，做出决策，甚至是需要瞬间做出决策。所以众所周知，这一类高压人群是心理疾病高发人群，容易患上抑郁症、焦虑症、强迫症、癔症、失眠症等。

据一份抽样调查显示，白手起家的创业型企业家曾经得过或正在得抑郁症的比例竟然超过70%，当然这个数据会随着宏观环境的严峻或者宽松而有所变化。这个数据是可以理解的，毕竟白手起家是天下最难的事业之一，但这不表明白手起家创业型企业家的心理素质差，因为心理素质的高低须放在同等心理压力条件下进行比较。据笔者主观观察发现，白手起家创业型企业家反而是心理素质极高的人群，毕竟敢于把白手起家的想法付诸行动，本身就是心理素质较好的反映。

人们只知道高压人群心理问题严重，却不知道心理问题还可以转化成种种生理疾病，而最常见的有顽固性头痛、高血压、糖尿病、甲状腺肿大、皮肤类疾病、风湿类疾病、消化系统类疾病、便秘、年龄轻轻就患上癌症、过度肥胖等。当把这些病当作纯生理疾病去治疗时，效果是非常差的。

我们现在一般的医学模式是生物医学模式，其基本观点是：每一种疾病都可确定其生物的和理化的特定原因。

生物医学模式确实在人类疾病的治疗中发挥了巨大的作用，并且还会继续发挥巨大的作用，为保障人类健康做出了巨大的贡献，特别是控制了长期肆虐人们的传染病，极大地延长了人类的寿命。如今人类疾病主要由各种慢性非传染病构成，随着寿命的延长，各种疑难杂症越来越多，许多患者在各个医院各个科室之间来回穿梭，但见效不大，这就需要从根本上进行理论突破，寻找新的方向。

1977年纽约大学恩格尔教授首次倡导一种新医学模式，即生物-心理-社会医学模式。这个模式提出：疾病不仅有生物因素，而且有心理因素，还有社会因素。

比如顽固性头痛，是令医生十分"头痛"的病，经常各种治疗手段奏效甚微；病人查CT、做B超、吃药片、打封闭针，忙得一塌糊涂，东奔西跑，遍寻名家，查不出所以然，治疗效果常常有限。其实大约80%的顽固性头痛主要是心理因素导致的，或者是心理因素和生理因素共同导致的。其常见心理因素是患者长期遇到高强度冲突之事。比如，一个人非常热爱某项工作，但这个工作不赚钱，他的家庭条件又不是非常优越,导致生活非常困难;或者一个人特别讨厌某项工作,但其工资特别高,为了生存只有坚持工作,这样,都会导致头痛。又如,与老公特别恩爱,但与婆婆的矛盾极其严重且老公特别孝顺父母的妻子也容易患头痛病。还比如,某个公司盈利巨大,但其业务所伴随的风险也特别高,总经理也易患顽固性头痛。上述类型的头痛,光依靠吃药打针是不能彻底根治的。

目前身心医学正在快速发展,它不仅强调"病从口入",而且强调"病自心生",就是说不仅要开生物处方还要开心理处方,甚至社会处方。当然社会处方是政治家的事,作为学者只能呼吁和进行理论研究,无法变成实际行动。

在这里提供一个非常重要的数据,欧美身心医学主流意见认为,50%的非传染性内科疾病的患病原因是心理因素,甚至心理因素是主导因素。这种观念对于大家可能是十分新鲜的,或者难以接受的。正如我们之前所讲到的,电灯初次被引入中国,不燃烧油就能发光,被广大民众认为是邪气,从而游行要求政府禁止;20世纪70年代电脑被引入中国,许多民众认为机器不可能超过人脑,这一切完全是胡说。这些例子都说明,新事物和新概念的接受需要一定的科普教育。要让大多数人接受"病自心生"的观念,还需要很长的时间。

高压人群要警惕10种身心疾病

1. 顽固性头痛

顽固性头痛是一种较为常见的心理疾病生理化导致的疾病,

也是一种广泛存在的疾病。它的发病原因和种类非常多,所以坊间常常流传这么一句话,"病人头痛,医生头痛",可见其复杂性。顽固性头痛的患者常常辗转各大医院治疗,但效果并不明显。

顽固性头痛可能是生理性原因造成的,比如颈椎变形压迫血管从而导致大脑供血不足,比如血管痉挛等,但也可能是心理问题导致的,而且这一概率非常大,或者说以心理问题为主要患病因素的概率是非常大的。比如血管痉挛本身是个生理现象,但它常常是由心理原因导致的。换句话说,血管痉挛本身也可能是心因性的。

那么形成心因性顽固性头痛的心理原因是什么呢?主要是两点。

其一,在生活中工作中碰到了高度矛盾的事情,左右为难,导致内心高度纠结。

比如在婚姻恋爱关系中遇到高度矛盾的事。笔者曾经有一个咨询案例,一位女士与其老公从大学开始恋爱,之后一起打拼创业,白手起家,两人共同经历磨难,该女士对她老公的才华、性格高度认可、高度欣赏,却发现老公婚内出轨,这让她非常痛苦。这种"爱之深、恨之切"高度矛盾的情感纠结使她患上了严重的顽固性头痛。另一个咨询案例也是如此,是一个男人对一个女人的爱,从小这个女孩就是他心目中的女神,他从小就追求她,花了很多年,终于追到结婚,修成正果。这个女孩也非常温柔体贴。但就是有一个问题:她特别喜欢赌博,把家里财产几乎输了精光,还到处借钱,搞得男人狼狈不堪。要知道夫妻之间的财产是共有的,法律上债务也是共担的。他使用了各种办法都无法纠正妻子的行为。爱

第31讲 高压人群身心疾病概述：为什么得病的总是我

之深、恨之切，最终男人患上了顽固性头痛。

不仅感情生活如此，工作中长期处于高度矛盾的心理状态，既非常想往东走，又非常想往西走，也会形成顽固性头痛。

其二，偏执型人格。就是患者非常偏激，常常注意力专注于一个小概率事件或者一个非常局部的方面转移。

偏执型人格和高度矛盾的心理体验是造成顽固性头痛的重要的潜意识原因。另外，顽固性头痛也常常跟体内淋巴T细胞数量有关系。

这里举个经典案例。

某一创业总经理，富二代，有顽固性头痛，偏执型人格特征明显，优点是遇到困难不容易回头，缺点是会在错误的方向上走得很远。在15年前，他不甘心躲在父母的光环下过日子，遂创办了一家公司，主要业务是向国外出口女性服装。出口女性服装，需要对该国女性消费心理十分熟悉，作为外国人，在决策时有天然的劣势。他不听，调动了所有的家族资源、社会关系，冒着夫妻离婚的风险硬是干了15年，到现在也没有盈利，并且在这一过程当中耗尽家族信用，不断地融资，把亲朋好友的关系都转化为资金投入了这个项目。在这15年中，他给自己每个月只开3 000元工资，每天早晨6：00起床，晚上最早12：00睡觉，多次想自杀，逢人就说这个项目的辉煌前景。他实际上是通过不断描绘辉煌前景来缓解内心巨大的焦虑，就像一个超级祥林嫂，周边的人见到他都怕了，但产生了一个意想不到的正面效果，就是通过15年的口头诉说缓解焦虑，他的口才变得异乎寻常地好，说话极富感染力。

他为什么不放弃这个项目呢？这个富二代从25岁干到40岁，

他的青春年华、他家的金钱、他的信誉、他的爱情、他的社会关系全搭进了这个项目,他干这个项目本质上不是为了赚钱,而是他的人生价值的来源。如果他停止这个项目,无疑是向全世界宣告:他是一个超级大傻瓜!那他的价值感会迅速枯竭,那他真的没法活了。有人问他:你干得这么苦,想过停止这个项目吗?他回答:不干这个公司?那我只有死路一条,就是自杀!

这个富二代常年有着顽固性头痛,全国各地遍寻名医,甚至找过两个院士给他看病,效果甚微。后来偶然遇到笔者,投入笔者门下学习,成为笔者的学生。笔者给他进行了催眠治疗,在潜意识状态给他解释了头痛的原因,催眠指令解除了血管痉挛,他的头痛得到迅速缓解。前后进行了12次催眠,自述头痛发作频率下降95%。笔者又建议他改行做培训,他果然照做了,价值感迅速上升,也特别爱讲课,最终头痛彻底消失。

心因性顽固性头痛的心理治疗,特别需要从潜意识层面进行心理治疗,主要的手段是催眠治疗,要在催眠状态下分析头痛的成因,并且让患者放松全身,以改善微循环,同时用催眠指令解除血管痉挛。另外笔者常会教他们一种动作外形有点像太极,但与太极是完全不同的自我催眠术,即身心柔术,通过自我催眠缓解头痛。

2. 原发性高血压

原发性高血压是各类组织领导和高管的常见病。

高血压病中,原发性高血压占了95%以上,估计我国至少有高血压患者一亿人以上,企业家人群和各类组织高管中患有原发性高血压的人非常多。原发性高血压是个典型的心理因素与生理

第31讲 高压人群身心疾病概述：为什么得病的总是我

因素共同导致的疾病，白大衣综合征充分说明了心理因素是导致高血压的重要原因。所谓"白大衣综合征"，即个体见到穿白大褂的医生就容易血压升高。

现代社会节奏加快、竞争加剧、物欲高涨使得人精神高度紧张，所以高血压成了常见病。有统计调查表明对工作感到满意的人当中，高血压的发生率为3.5%；而对工作不满意的人当中，高血压的发生率为14.4%。在工作中，容易与他人产生矛盾的最高组和最低组高血压发病率分别为27.5%与4.9%，从事高压工作者如司机、会计、投诉电话接待人员、销售员等得高血压的比例显著高于常人。研究还证实社会地位比较高及社会地位比较低的人群、收入较高和收入较少的人群、文化程度高和文化程度低的人群的高血压发生率都比中间阶层高。

另外，有完美主义倾向和责任心过度的人、急躁易怒的人、高度内向把愤怒隐藏在心里的人、早年父母管教过严的人、父母冲突激烈的或父母离婚的人、指责型人格和牛角尖人格的人都容易得高血压。

高血压的生理原因是交感神经过度活跃，而主管抑制功能的副交感神经不够活跃，不能有效制约交感神经，心理治疗也要充分考虑交感神经与副交感神经之间的关系，在潜意识层面引导副交感神经活跃。另外细胞内钠离子过多增加了肌肉细胞的收缩性与反应性，增强了交感神经的活力引起了血压上升，因此，引导患者放松是非常重要的。

在高血压治疗中，心理调整与药物治疗并行是比较好的方法，其他主要的办法有：重塑患者的人生哲学、催眠潜意识调整、笔者独创的减压身心柔术、松静冥想和适量运动,当然还有控制盐的吸取和体重。

3. 慢性胃炎

慢性胃炎是各类组织领导和高管的常见病。

目前认为,幽门螺旋杆菌是慢性胃炎的生物原因,但很多人不知道心理因素也是引起慢性胃炎的重要方面,特别是胃体炎与自身免疫力有关。

研究表明,人在焦虑和愤怒时胃酸分泌增加,胃蠕动加速;恐惧和绝望时胃酸分泌减少,胃壁紧张度下降;长期的情绪紧张和心理刺激引起胃的功能失调,幽门括约肌松弛,胆汁返流,从而破坏胃黏膜屏障,氢离子回渗至胃黏膜内引起一系列病理反应而导致慢性胃炎。一般分为浅表性与萎缩性两种类型。

治疗慢性胃炎首先必须选用与幽门螺旋杆菌相关的药物,配合催眠潜意识调整,及本书将要介绍的身心柔术。

4. 甲状腺肿大与结节

各类组织领导和高管中甲状腺肿大与结节发生率大大高于社会平均水平。

随着体检的普及和超声技术的进步,甲状腺肿大、甲状腺结节的诊断越来越多地在临床诊疗中出现。近年来,甲状腺结节的发现率更是快速增长,随机人群中甲状腺结节的检出率竟高达40%,女性检出比例高于男性,且多数患者无明显自觉症状。

很多人把甲状腺肿大理解为一种纯粹的生理疾病。这个观点

第31讲 高压人群身心疾病概述：为什么得病的总是我

是错误的。甲状腺肿大也与压力、紧张等心理状态有密切关系。

甲状腺肿大是高压人群的常见病。甲状腺肿大除了激素等生理原因，它常见的心理原因主要有哪些呢？

其一，责任心过重。高压人群，特别是企业高管，普遍比社会平均水平的利他心偏重，责任心偏强。若非如此，则跟随他们的人就少，就很难做成领导。责任心过度到一定程度，常常会造成心理重压。

其二，经常受到情绪刺激，患者情绪起伏巨大。比如，当遇到上级单位来视察或者检查，发现有不合规现象，公司面临关闭，就会对公司总经理产生强刺激，导致其情绪高度紧张。总经理就要去找机会、动脑筋、想办法，加强整改以平息这一场风波，风波平息了，情绪也会平复下来。常年这样，情绪波动就非常大。甲状腺肿大，跟外部的刺激、压力的忽高忽低、情绪的巨大波动有很大关系。

那么甲状腺肿大如何进行治疗和心理调整呢？

当然需要用精神类、心理类药物进行治疗。除此之外，更有效的方法是通过催眠心理治疗，从潜意识层面调整，即通过专业的催眠师调整患者的潜意识，从而控制和缓解疾病。通过勤加练习本书中的身心柔术，进行自我催眠、自我心理调整，效果也非常好。

5. 糖尿病

许多高压人群和企业高管，都患有糖尿病。

很多人认为糖尿病是一种纯粹的生理疾病，这是个很大的误解，导致糖尿病的因素中，心理因素的比重非常大，特别是60岁以下就患有糖尿病的人群中，大部分得糖尿病人的致病因素主要是心理因素。

导致糖尿病的心理因素具体是什么呢？主要是个体潜意识认为活得太苦了，活得太累了，或者活得太烦了！总之活得没意思，于是潜意识希望早些安息。但人又有"求生本能"，求死的信号和求生的信号并存，于是两个信号互相打架、博弈，平衡的结果就是选择慢性自杀，于是得了糖尿病。

糖尿病有个外号叫慢性癌症，笔者把它定义为"典型求死欲与求生欲并存且求死欲略胜一筹的慢性自杀"。仔细去询问年龄不大（60岁前）患有糖尿病者的生活情况，单亲子女、夫妻关系不好、严重婆媳矛盾、工作压力巨大、创业艰难等情况极为常见。

糖尿病的治疗应该药物治疗和心理调整双管齐下，主要心理调整方法有催眠心理治疗、调整潜意识，以及练习本书中的身心柔术。

6. 肥胖症

在各类组织领导和高管中，肥胖极其常见。

所谓肥胖症，即超过标准体重20%。许多人认为肥胖是种纯生理现象，这种观点是极其错误的。大多数肥胖有心理原因，且80%以上肥胖的主导原因是心理因素，其次才是基因因素。

许多人认为减肥的要诀在于"少吃"，这基本是句废话，问题的关键是如何能做到"少吃"。

人们为什么要多吃呢？我们认为，人贪吃、多吃的心理因素有七个，且都藏在潜意识里，现在只讲一个最好理解的原因。形成肥胖的一个重要心理因素是"烦恼"。当人在生活、工作中烦恼过多时，潜意识不知不觉地会这样思考："人生太苦闷了，不多吃点，多喝点,找点快乐,人活着还有啥意思?"当然,这种思考是潜意识层面的,人在意识层面并不一定知道。

也就是说,肥胖的关键因素之一是以吃的快乐来对冲烦恼,所以减肥的关键是"减烦"。

笔者所教授学生的减肥效果极其惊人,一个月减十几斤的例子很多,其办法是接受催眠减肥并配合本书中的身心柔术训练。

7. 癌症

60岁前就患有癌症与负面情绪有密切的关系,各类组织领导和高管是该疾病的高发人群,大大高于社会平均水平。

人的基因里同时存在致癌基因和抑癌基因,以下因素可能激活致癌基因:

(1)过多接触黄曲霉素、亚硝酸盐、铅化物、杂环胺化物、铅化物等致癌物,比如摄入过量熏制食品、油炸食品(特别是反复油炸的老油炸食品)、霉变食品、咸鱼、烧烤食品、隔夜白菜酸菜、槟榔、反复烧的开水、膨化食品(如爆米花)、河(米)粉(放了明矾或硫酸铅钾)、粉丝(原因同前)、含铅皮蛋、猪肝(毒素集中)、臭豆腐等;

(2)过多接触放射性物质,如X射线、伽马射线、含放射颗粒的空气等;

(3)长期感染某些病毒,如乙丙肝炎、乳头状瘤病毒、幽门螺杆菌等;

(4)长期缺乏运动,过度肥胖;

(5)长期吸烟或吸二手烟。各国数据显示,抽烟者得肺癌的比例是不抽烟者的7倍至20倍不等,在我国这个数据是11倍!

但是人遇到上述致癌因素时，也不必过于惊慌，因为关键是剂量的多少。少量的上述因素不会直接导致癌症，因为人体还有抑癌基因，人体每天都有几千新的癌细胞产生，但都被抑癌基因调动的免疫力杀死了！

这样说来，一般人不会得癌症，那什么时候抑癌基因失去活力呢？

答案是长期情绪不好，抑癌基因就会停止失去活力，若激活致癌基因的因素又比较多，癌症就爆发了。

古希腊的珈伦医生曾注意到：忧郁的女子比乐观的女子更易患癌症。19世纪的医生佩吉特说：在牵肠挂肚、忧虑失望的情绪之后，癌症往往会乘虚而入，这样的病例不计其数。到20世纪50年代，一位名叫劳伦斯·莱香的美国心理学家对一组癌症病人做了调查研究，他发现了一个特点，癌症病人中大多数人从童年起便开始经历失去父母或亲属的悲伤，童年的遭遇养成了他们缄默少言的个性，成年后变得不爱交际，缺乏工作的热情和生活的理想。德国的学者巴尔特鲁施博士调查了8 000多位不同的癌症病人，也发现了大多数病人的癌症都发生在失望、孤独和其他懊丧的这种严重的精神压力发生时期。

在我国，20世纪80年代，上海市曾调查200例胃癌病人，发现他们共同存在长期的情绪压抑和家庭不和睦的情况。而北京市有一组资料，用对比方法调查，发现癌症病人中既往有明显的不良心理刺激的高达76%，而一般病人中有明显不良心理刺激的只有32%。

以上许多调查研究表明，不好的精神、情绪，不良的心理状态、社会刺激因素是一剂强效促癌剂。精神与情绪不好有明显的促癌

第31讲 高压人群身心疾病概述：为什么得病的总是我

作用,有没有实验进一步加以证明呢？

有一个动物实验的例子。有人对6只狗进行人为刺激,使其长期精神紧张,其中的3只狗在约16岁因癌症而死亡,同时有4只狗,在饲料相同的情况下,在较正常环境中生活,作为对照组。这4只狗活到老,没有得癌。这说明长期惊慌、恐惧,不能很好地休息使动物抗癌能力降低,比较容易得癌症。

有医生给丈夫因癌症死亡的一批妇女做测定,发现她们身体内可杀伤癌细胞的淋巴细胞的活力明显下降,说明这些妇女的免疫功能是下降的。

所以心理上的不健康,如长期的惊慌、恐惧、悲痛、愤怒、紧张、不满、忧虑、家庭不和睦等,容易引发体内的免疫功能下降,并导致生理上的不健康,进而增加患癌风险。

在临床上曾有过这样的案例：在丈夫因病逝世后一两年时间内,妻子因长期痛苦忧郁而导致癌症,这是在体内免疫功能降低的情况下发生的。也有的人在生前没有癌症的症状,在死后尸体解剖时发现患有癌症,可能这位病人在生前的免疫功能控制住了癌症的发展。还有一位胃癌病人,手术治疗后很正常地生活了19年,因阑尾炎手术时才发现腹内淋巴结已有癌细胞转移。这说明由于免疫功能正常,病人与癌细胞和平共处了19年。

从心理学的观念看,年纪轻轻就患上癌症是个典型的厌世反应,也是种特殊的自杀形式,潜意识觉得活得没有意思,活得痛苦,活得压力太大,所以不想活了,但是,人又有生存本能,于是求死欲和求生欲两种因素互相博弈,其结果是求死欲略占上风,于是指挥免疫力下降,就得了癌症。这与糖尿病的心理致病原理类似,不过,引发癌症的求死欲强度更大。

对癌症进行心理干预,有助于延长癌症患者生命,提高生活质量,并且有极其明显的效果。笔者对癌症人群做过大量心理干预,效果显著,主要方法有催眠心理治疗、身心柔术训练等。

8. 抑郁症

抑郁症是一种极为常见的心理问题,又称抑郁障碍,以显著而持久的心境低落为主要临床特征,是心境障碍的主要类型。

据统计,世界上约有3.22亿人患有抑郁症。由于中国人心理学知识的普及性不高,很多患者得了抑郁症而不自知,以及对心理问题有不科学的理解,会把心理疾病与精神分裂症混淆,使得中国抑郁症人数统计难度较大。据估计,近30年来,中国抑郁症患病比例呈快速上升趋势,特别是高管人群,由于长期处于高压状态,患上抑郁症的比例也相对较高。

那么抑郁症的自查和诊断标准是什么呢?

在西方主要是用14项诊断标准,在中国主要是用9项诊断标准。在下面的9项诊断标准中,出现4项并且持续两周以上临床诊断症状成立,就可称为抑郁症。

(1) 兴趣丧失,无愉快感。很多抑郁症患者会出现兴趣减退的情况,也就是原来喜欢的事情现在没兴趣了或兴趣下降了。比如原来喜欢踢足球的,现在没兴趣了;原来喜欢打麻将的,现在兴趣下降了;等等。

(2) 精力减退,或者感到非常疲劳,或者容易产生疲乏感。精力减退情况常见于抑郁症患者身上,比如,工作学习一会就累了,

第31讲 高压人群身心疾病概述：为什么得病的总是我

很容易困倦。

（3）精神运动性迟滞，或激越。翻译成通俗的白话，就是"你变宅了"，不太愿意出门，不太愿意去交际，这就叫精神运动性迟滞。当然也有极少数抑郁症患者变得激越，这很少见。

（4）自我评价过低，自责、自卑，或有内疚感。抑郁症患者常会出现自责、自卑的情况，更有甚者会认为自己是家人朋友的拖累，认为自己没有什么价值，遇到事情常常会过度责怪自己。

（5）联想困难或自觉思考能力下降。这就是经常有人说的"我觉得自己脑子像生了锈一样转不动了"。

（6）反复出现自杀或想死的念头，甚至有自杀自伤的行为。这也是抑郁症患者中出现的比较严重的情况。

（7）睡眠障碍，如失眠、早醒或睡眠过多。抑郁症睡眠障碍中，以早醒为最常见，失眠排第二位，睡眠过多排第三位。睡眠过多常常也是抑郁症的一个反应，常常表示心情郁郁，逃避现实。

（8）食欲降低或体重明显减轻。这是指没有源头的体重下降，比如说不是减肥，也没有其他药物影响的情况下，一个月减轻5%以上，并伴随食欲降低，不想吃东西。

（9）性欲减退。

各位读者可以按上述9条对照自查，同时出现4条或4条以上，并且持续两周以上的，则判定为抑郁症。若自我判断可能为抑郁症，请尽早到医院就诊和治疗。

特别说明，以上是针对普通人的普适性的诊断标准，若对于受教育程度较高人群及企业高管，第（6）条"反复出现自杀或想死的念头"常常由另外一种形式表现出来——"过度思考人生的意义",因为对于高管而言,"想死""自杀"的念头显得太懦弱,他们在意识层面很难接受,潜意识层面会自动把这个信息进行"化妆",化妆成"思考人生的意义",这样就显得更加高尚,更有哲学意味,更加吻合他们的身份。所以对于这一类人,判断抑郁症的标准,还需要加上一条"反复思考人生的意义"。

9. 强迫症

强迫症的症状主要可归纳为强迫思维和强迫行为。

强迫思维又可以分为强迫观念、强迫情绪及强迫意向。其思维内容多种多样,如反复怀疑门窗是否关紧,碰到脏的东西会不会得病,太阳为什么从东边升起西边落下,站在阳台上就有往下跳的冲动等。

强迫行为往往是为了减轻强迫思维产生的焦虑而不得不采取的行动,患者明知是不合理的,但不得不做。比如,患者怀疑门窗是否关紧就会去反复检查门窗以确保安全;怕碰到脏东西得病的患者就会反复洗手以保持干净。一些病程迁延的患者由于经常重复某些动作,久而久之形成了某种程序。比如,洗手时一定要从指尖开始洗,连续不断洗到手腕,如果顺序反了或是中间被打断了就要重新开始洗,为此常耗费大量时间,痛苦不堪。

强迫症的症状具有以下特点:

（1）是患者自发的思维或冲动,而不是外界强加的。

（2）必须至少有一种思想或动作仍在被患者徒劳地加以抵制,即使患者已不再对其他症状加以抵制。

（3）实施动作的想法本身会令患者感到不快（单纯为缓解紧

第31讲 高压人群身心疾病概述：为什么得病的总是我

张或焦虑不视为真正意义上的愉快），但如果不实施就会产生极大的焦虑。

（4）想法或冲动总是令人不快地反复出现。

10. 焦虑症

焦虑症的含义是，个体对未来会发生的坏事有强烈的预期。焦虑症又分两种情况：

（1）认为未来会有坏事发生，具体的原因却说不清；

（2）认为未来会有坏事发生，能说出原因，但在旁人看来，问题的严重性被过于放大了，或者是常人难以理解的。

以上无论哪种情况，个体对未来风险的概率都存在着过于夸大的倾向。

比如，领导轻微批评一下某位员工，这位员工就觉得自己肯定要被炒鱿鱼了。焦虑症对未来风险有明显的联想情况，认为A坏事导致B坏事进而导致C坏事。又如，领导稍微批评了一下某位员工，这位员工就会联想到失去工作，进而联想到失业会导致婚姻不幸、家庭破裂，进而联想到自己的孩子将来生活在单亲家庭的阴影下，生活将遭遇不幸……这种联想，就是焦虑症的典型症状，需要及时予以重视，严重时尽快就医。

> **思考题**
>
> 　　上述5种负面人格有什么坏处？为什么高压人群容易患上上述10种病症？

图书在版编目(CIP)数据

情绪管理心理学/鞠强著. —上海:复旦大学出版社,2019.12(2024.2 重印)
ISBN 978-7-309-14772-8

Ⅰ.①情… Ⅱ.①鞠… Ⅲ.①情绪-自我控制-研究 Ⅳ.①B842.6

中国版本图书馆 CIP 数据核字(2019)第 285563 号

情绪管理心理学
鞠　强　著
责任编辑/张美芳

复旦大学出版社有限公司出版发行
上海市国权路 579 号　邮编:200433
网址:fupnet@fudanpress.com　http://www.fudanpress.com
门市零售:86-21-65102580　　团体订购:86-21-65104505
出版部电话:86-21-65642845
上海新艺印刷有限公司

开本 787 毫米×1092 毫米　1/16　印张 13.25　字数 137 千字
2024 年 2 月第 1 版第 5 次印刷
印数 11 401—13 500

ISBN 978-7-309-14772-8/B·713
定价:42.00 元

如有印装质量问题,请向复旦大学出版社有限公司出版部调换。
版权所有　　侵权必究